T0023152

MBAPPÉ

Luca Caioli y Cyril Collot

MBAPPÉ

Pasión por el fútbol

indicios

Argentina – Chile – Colombia – España
Estados Unidos – México – Perú – Uruguay

Título original: *Mbappé. Le Petit Prince*
Editor original: Marabout
Traducción: Micaela Salas

1.ª edición Octubre 2022

Reservados todos los derechos. Queda rigurosamente prohibida, sin la autorización escrita de los titulares del copyright, bajo las sanciones establecidas en las leyes, la reproducción parcial o total de esta obra por cualquier medio o procedimiento, incluidos la reprografía y el tratamiento informático, así como la distribución de ejemplares mediante alquiler o préstamo público.

Copyright © Luca Caioli, Cyril Collot 2018, 2022.
All Rights Reserved
Copyright © 2022 *by* Ediciones Urano, S.A.U.
Plaza de los Reyes Magos, 8, piso 1.º C y D – 28007 Madrid
www.indicioseditores.com

ISBN: 978-84-15732-57-0
E-ISBN: 978-84-19413-03-1
Depósito legal: B-15.009-2022

Fotocomposición: Ediciones Urano, S.A.U.

Impreso por: Romanyà-Valls – Verdaguer, 1 – 08786 Capellades (Barcelona)

Impreso en España – *Printed in Spain*

ÍNDICE

1

ALLÉE DES LILAS

Cuando se anunció la visita, se preparó cuidadosamente. Garabateó una nota con tinta azul. Pese a su impaciencia, su abuela le pide que espere; podrá recitarlo más tarde. Ahora no es el momento: los abuelos y los invitados están charlando con un café. Contempla el cuaderno que ha colocado sobre la mesa del pequeño salón, donde se encuentra un imponente televisor. Escucha, puntuando la conversación. Entonces, por fin, le dan luz verde, con recomendaciones incluidas: «¡Lee fuerte y articula!».

«Hola a todos.

Kylian es el mejor. Es el héroe de Bondy. Todo el mundo lo quiere. Es un modelo para todos los niños que juegan al fútbol. Es muy fuerte. Wilfried y Fayza han enseñado bien a sus hijos. Ethan seguirá los pasos de su hermano Kylian».

Idrisse tiene 9 años, va al colegio, juega al fútbol sub-10 y resume en pocas palabras lo que todo el mundo piensa sobre Kylian en su ciudad, desde la señora alcaldesa hasta los jóvenes que, a unos cientos de metros, se entrenan en el campo del estadio Léo-Lagrange.

Idrisse es nieto de Elmire y Pierrot Ricles, una pareja originaria de Martinica que vive en Francia desde finales de los años 70. Viven en el primer piso de un edificio blanco en el número 4 de la allée des Lilas, una vivienda de protección oficial de cinco plantas construida en los años 50, situada en el centro de la ciudad, en una tranquila calle arbolada, un barrio al que todo el mundo llama pomposamente «ciudad de las flores» por los nombres de las calles. Aquí se trasladó la familia Mbappé en otoño de 1998. Al subir los primeros escalones, encuentras su buzón en el rellano con la inscripción: «Lamari-Mbappé Lottin, 2º izquierda»

«Se instalaron justo encima de nosotros —dice Elmire— en un piso idéntico al nuestro: 56 metros cuadrados, salón, cocina con vistas al estadio Léo-Lagrange, dos habitaciones. Recuerdo que, cuando llegaron, Fayza estaba a punto de dar a luz, estaba esperando a Kylian.»

Fayza tenía entonces 24 años. De origen argelino, creció en Bondy Nord, en el barrio de Terre-Saint-Blaise. Fue al instituto Jean-Zay y al gimnasio que se encuentra justo enfrente de su casa. A los 12 años, jugó al baloncesto antes de elegir el balonmano y jugar como extremo derecho en la Association Sportive de Bondy, en la división 1.

«Empezó desde abajo y se convirtió, a finales de los 90, en una de las mejores jugadoras de balonmano de Bondy. Fayza tenía carisma, era una "líder", una de las líderes del equipo, con mucho talento, muy dura», dice un amigo de la familia.

«En el terreno de juego, era una luchadora, pero también con mucho carácter. No podías buscarle las cosquillas, y con las contrincantes la cosa no siempre era muy amistosa. Fayza dejaba huella. Sin embargo, fuera del terreno de juego», afirma Jean-Louis Kimmoun, antiguo directivo y luego presidente del club, en una entrevista a *Le Parisien*. «Fayza era y sigue siendo una persona entrañable».

«Y también una bocazas. Siempre estaba bromeando. Trabajé con ella durante tres o cuatro años como monitor de jóvenes los miércoles y durante las vacaciones escolares, en los centros de barrio Maurice

Petitjean y Blanqui. Allí fue donde Wilfried, también monitor, con su hermano menor Pierre y Alain Mboma, hermano mayor de Patrick Mboma, ganador del Balón de Oro africano en 2000, conoció a Fayza. Siendo ambos grandes deportistas, y grandes bromistas, tenían que atraerse», explica un amigo de la pareja.

Wilfried tenía 30 años cuando se trasladó con Fayza a la allée des Lilas. Nacido en Duala (Camerún), llegó a Francia en busca de una vida mejor. Tras vivir en Bobigny, se trasladó a Bondy Nord, donde continuó su carrera futbolística.

«Era un buen jugador, un número 10, un centrocampista al que le gustaba conservar el balón. Podría haber hecho carrera. Wilfried lo aprendió todo en el club, y luego jugó dos años en la primera división, en el club de al lado [Bobigny]. Después de dejarlo, volvió con nosotros. Le ofrecieron un puesto de trabajo y se dedicó a los jóvenes del club como educador y luego como director deportivo», explica el director técnico del AS Bondy, Jean-François Suner, al que todos llaman "Fanfan". Trabajamos juntos desde la temporada 1988-1989, durante casi treinta años, y reestructuramos el club. Se fue en junio de 2017».

20 de diciembre de 1998. Ya han pasado cinco meses y contando desde el famoso «¡Y uno y dos y tres a cero!». Desde los dos goles de cabeza de Zinédine Zidane y el golpe de gracia de Emmanuel Petit contra Brasil. ¡El recuerdo de aquel domingo 12 de julio y el delirio colectivo siguen intactos! ¿Cómo olvidar a un millón y medio de personas llenas de júbilo, embriagadas de alegría, en los Campos Elíseos? O el grito de la multitud: «¡Zizou, presidente!» ¿Cómo olvidar uno de los mejores momentos de la historia del deporte francés?

Fue durante aquel año de consagración cuando Fayza y Wilfried recibieron su regalo más hermoso: su primer hijo. Nacido el 20 de diciembre, fue bautizado como Kylian Sanmi (abreviatura de Adesanmi, que en yoruba, una lengua de África occidental, significa «la corona me sienta bien»), Mbappé-Lottin. Mbappé, un apellido que dará lugar a mil y una suposiciones: se dice que Kylian es nieto de Samuel Mbappé Léppé, apodado «el Mariscal», un centrocampista camerunés de los años 50 y 60. También se afirma que Kylian está emparentado con Étienne M'Bappé, un bajista nacido en Duala. No, no tiene nada que ver con estos dos hombres; simplemente, como explicó Pierre Mbappé hace tiempo, en Camerún Mbappé es un apellido común, como Dupont en Francia. Pierre, el tío, un jugador formado en el club Stade de l'Est de Les Pavillons-sous-Bois, se apresuró a ir al hospital para conocer al recién nacido, al que ofreció un pequeño balón de fútbol.

«Ya verás, lo convertiremos en un gran futbolista», auguró, bromeando con Fayza y Wilfried, su hermano.

Unos días después del parto, la madre y su bebé volvieron a casa. Fayza volvió a su trabajo en el ayuntamiento de Bobigny; Wilfried, por su parte, sólo tuvo que cruzar la calle hasta el estadio Léo-Lagrange para entrenar a sus jóvenes protegidos. Entre ellos, un chico le llamó especialmente la atención: originario de Kinshasa, entonces capital del Zaire —antes de que el país se convirtiera en la República Democrática del Congo—, llegó a Bondy cinco años antes. Como la situación en su país era complicada, sus padres decidieron enviarlo a Francia para que estudiara y se labrara un futuro. El niño se llama Jirès Kembo-Ekoko, hijo del delantero centro Jean Kembo, conocido como «Monsieur But» (Mr. Gol). Con la selección nacional de Zaire, Jean Kembo participó en los dos títulos continentales de la Copa Africana de Naciones en 1968 y 1974. Al marcar dos goles contra Marruecos en 1973, hizo posible que un país del África negra participara por primera vez en una fase final de la Copa del Mundo, en Alemania 1974. Jean llamó a su hijo Jirès en honor a Alain Giresse, el centrocampista francés que tanto admiraba. Entonces envió a su hijo a vivir con su tío y su hermana mayor. En 1999, Jirès Kembo-Ekoko firmó su primera licencia de fútbol con el AS Bondy. Wilfried fue su primer entrenador y pronto se convirtió en su primer tutor legal y casi en un padre: «Es algo difícil de explicar, pero es como si esa persona me hubiera estado predestinada», reveló Jirès años después.

Los Lamari-Mbappé Lottin lo acogieron en su casa; no lo adoptaron, pero siempre los llamaba «papá» y «mamá».

Le dieron afecto, lo ayudaron a salir de una situación social difícil y le permiten realizar su sueño de convertirse en futbolista profesional. Jirès se trasladó a la allée des Lilas, donde se convirtió en el hermano mayor de Kylian, su modelo y su primer ídolo futbolístico. Los vecinos se acuerdan de él cuando dejaba el INF de Clairefontaine para volver el fin de semana, o cuando Fayza y Wilfried le acompañaban a un partido importante: «Forman una familia muy unida, son gente simpática y sencilla», señala Pierrot. «No veíamos mucho a Wilfried debido a su trabajo. A Fayza, en cambio, la veíamos a menudo en las tiendas locales. A Kylian lo vimos crecer. Cuando empezó a andar, comenzó a dar patadas a una pelota justo encima de la habitación de mis dos hijas. Los domingos por la mañana, creo que convertía el salón en un campo de fútbol», dice Elmire divertido. «Cuando la conocí, Fayza siempre se disculpaba: «No importa», le decía, «es un niño, no podemos atarlo». Ya entonces se veía que la idea de convertirse en futbolista profesional rondaba por su cabeza».

Soltando otra carcajada, la abuela recuerda la vez que, por un cumpleaños o por Navidad, le habían regalado al niño de arriba un yembé: «No paraba… y tardaba mucho en olvidar su nuevo juguete. Pero, aparte de la pelota y el yembé, Kylian era un niño muy simpático, muy educado: siempre decía "hola", "buenas tardes", cuando se encontraba conmigo. No, no llegamos a ver su evolución porque, unos años después del nacimiento de Ethan, el más pequeño de la familia, se trasladaron a una zona suburbana del sur de la ciudad, al otro lado de la estación, hacia los Coquetiers. Lo volvimos a ver en mayo del año pasado, cuando regresó al estadio para celebrar su título de campeón de Francia. Allí estaban todos los niños del AS Bondy y una pancarta que decía: "Gracias, Kylian, todo Bondy está contigo". Fue muy bonito, Kylian ofreció camisetas a los chicos e Idrisse consiguió hacerse una foto con él».

«Por suerte, Fayza nos vio y gritó: "¡Esperad, esperad! Ahí está mi vecino". Así que me subí a la furgoneta y pude hacerme una foto con Kylian, que mi madre conserva», explica el nieto.

«Para la ocasión, las cuatro familias que vivimos aquí, junto con Daniel y Claudine Desramé, nuestros vecinos del primer piso, escribimos una carta», dice Elmire. La abuela se levanta de la mesa, va a un rincón del salón, abre un cajón, revisa un montón de papeles y finalmente exclama: «¡Aquí está!».

«Querido Kylian,

Esperamos que tutearte no te sorprenda, pero hemos guardado el recuerdo de un niño de 10 años muy bien educado, con el que solíamos encontrarnos en las escaleras del 4 de la allée des Lilas. Hoy, cuando te has convertido en una gran estrella del fútbol y brillas en los terrenos de juego, nosotros seguimos con alegría el hermoso y deslumbrante éxito de tu carrera deportiva. A menudo hablamos de ti y de tus padres, a quienes apreciamos y que te dieron una muy buena educación. Queremos que sepas que, cada vez que te pones las botas, tus vecinos son tus primeros simpatizantes.

Con cariño, te deseamos lo mejor».

2

LA CIUDAD DE LAS POSIBILIDADES

Es imposible no verlo. Cuando se pasa por el puente de la autopista A3 en dirección a París, no es posible no verlo: un enorme fresco de cuatro plantas, en el lateral de la residencia Potagers, un edificio de ocho plantas. Una explosión de verde, de hojas, de balones que brotan por todos lados, como diamantes. En el centro está Kylian Mbappé, con aspecto serio y saludando como un surfista. Al aparecer con la camiseta del París Saint-Germain, se puede leer sobre su cabeza: «Bondy, la ciudad donde todo es posible». La enorme composición se eleva por encima de la autopista por la que se reparten los vehículos y los atascos. En la Avenue du Général Gallieni (antigua RN3), Kylian parece observar el ajetreo que rodea a los carteles comerciales, desde Conforama hasta Darty. Sus ojos siguen a las jóvenes cuando cruzan la carretera, luego pasan por las puertas del instituto Madeleine-Vionnet y grupos de adolescentes que se incorporan a la escuela Jean-Renoir. Este monumental homenaje a Mbappé es un verdadero honor que suele estar reservado a jugadores como Zinédine Zidane.

En la misma línea, en recuerdo de su actuación en el Mundial de 1998, se ha erigido un retrato de Zinédine Zidane de tamaño natural en la plaza Paul-Ricard de Marsella, con vistas al Mediterráneo.

Como Diego Armando Maradona, inmortalizado por el retrato de Jorit Agoch en la fachada de una torre de San Giovanni en Teduccio, Nápoles. O el póster gigante de Moussa Sissoko en la fachada del Galion en Aulnay-sous-Bois.

La creación del imponente cartel con la efigie del número 29 del PSG fue financiada por Nike, que patrocina al joven delantero centro desde los 13 años. La marca estadounidense también invirtió en la construcción de un estadio municipal, inaugurado el 6 de septiembre de 2017, en el jardín Pasteur, donde Kylian hizo sus primeros regates y marcó sus primeros goles. Estos desarrollos urbanísticos se llevaron a cabo por iniciativa de la familia Mbappé, como homenaje a la ciudad donde nació la estrella del fútbol.

Bondy es la novena ciudad del departamento de Seine-Saint-Denis, un municipio cosmopolita de casi 54.000 habitantes. Es un núcleo urbano dividido en dos —los barrios del norte y el centro de la ciudad— por la avenida Gallieni y el paso elevado, sin olvidar una tercera división creada por el canal de Ourcq.

A principios del siglo XX, al sur de Bondy se desarrolló la zona suburbana, en la que florecieron casas y palacetes de piedra, típicas de la región parisina.

En el norte, los campesinos siguieron cultivando los campos de hortalizas, pero con la llegada del nuevo siglo, todo cambió: la industria del automóvil estaba en auge, los trabajadores emigraron a las fábricas y Bondy, como otros municipios de Seine-Saint-Denis, se convirtió en lo que los ingleses llaman una *working class city*» (una ciudad obrera). Una realidad popular, hasta el punto de que no se ha elegido ningún alcalde de derechas desde 1919. Los primeros cargos electos —aparte de Henri Varagnat, alcalde y miembro del PCF de 1935 a 1939— procedían siempre de las filas del PS. Sylvine Thomassin no es una excepción. Matrona en el hospital universitario Jean Verdi, durante años se encargó de las políticas educativas y de renovación urbana, antes de convertirse en alcaldesa en octubre de 2011, sucediendo a Gilbert Roger, que fue elegido senador. A ella corresponde la tarea de pensar en el pasado cercano, el presente y el futuro de la ciudad.

«A partir de los años 1950-1960, con la llegada de los repatriados de Argelia, los inmigrantes del norte de África, del África subsahariana y de Portugal, se construyeron nuevos barrios y grandes urbanizaciones para hacer frente a la crisis de la vivienda y al desmantelamiento de los barrios de chabolas. La población de Bondy pasó de 22.411 habitantes en 1954 a 51.653 en 1968. Fue la primera gran oleada migratoria», explica Sylvine Thomassin. «Le siguió una segunda oleada, entre 1980 y 1990, formada por emigrantes del África negra: de Zaire, Camerún, Congo y Angola. Las urbanizaciones permitieron a miles de familias acceder a la higiene, el agua potable y la iluminación eléctrica, en definitiva, al confort moderno. El fuerte aumento del desempleo entre 1970 y 1980 perjudicó el funcionamiento de los barrios. Hoy, nosotros no queremos que se construyan otros nuevos. Es una realidad que estamos intentando cambiar a través del proyecto de renovación urbana (PRU) puesto en marcha en 2006.»

Bondy: una ciudad en construcción o, mejor dicho, en reconstrucción. Se está llevando a cabo una operación de desarrollo que está cambiando profundamente el tejido urbano, los servicios, los espacios verdes, las infraestructuras y la política de vivienda. Una visita a la nueva plaza que da al ayuntamiento es suficiente para comprobarlo: edificios de poca altura bordeados de árboles, fachadas de diversos colores y tiendas. Esta acción no se limita al centro de la ciudad, sino que afecta a cinco zonas —incluidos los distritos del norte— consideradas las más problemáticas.

«Queremos cambiar la cara de la ciudad, crear un lugar, un espacio abierto donde la gente quiera vivir, convivir», añade la alcaldesa.

No es el único proyecto de envergadura: la renovación urbana también implica un nuevo modelo económico y una profunda renovación del tejido productivo con, por ejemplo, el primer vivero de empresas, Bond'innov, creado en 2011:

«En definitiva», subraya Sylvine Thomassin, «intentamos construir una ciudad sólida y unida, capaz de inscribirse en la dinámica del Gran París».

Vale, pero ¿qué tiene que ver «Bondy, la ciudad de las posibilidades» con la imagen de Kylian Mbappé? «La ciudad de las posibilidades» es un eslogan que se lanzó mucho antes del fenomenal ascenso de Kylian. «Esta fórmula no proviene del mundo del deporte, sino de la educación y la cultura, dos temas que poco a poco se convierten en el ADN de Bondy», explica la política socialista: «En primer lugar, está la escuela coral de La Maîtrise de Radio France, que fue una de las pocas instituciones que, tras los disturbios de 2005, se planteó qué medidas debían tomarse para los suburbios. Por ello, hace once años decidió abrir aquí una segunda sede para que los niños descubrieran la música, la conocieran y la practicaran a un alto nivel. Desde 2005, el Blog Bondy, conocido por todos, cuenta la Francia de la diversidad. Otros ejemplos son la rama de la École Supérieure de Journalisme de Lille, el Café philo, la universidad popular Averroès... El porcentaje de éxito en el bachillerato se acerca al 87% en una ciudad que, dadas las categorías socioprofesionales, no habría superado el 73% a ojos del sistema educativo nacional. Hoy en día, gracias al trabajo voluntario de los profesores y a los acuerdos de educación prioritaria con instituciones como Sciences Po o el Instituto Curie, los alumnos ya no se dirigen como mucho a un BTS [diploma de técnico superior], sino que saben que el éxito es posible incluso para ellos; en los suburbios, es posible triunfar como en los mejores institutos parisinos».

¿Es Kylian Mbappé la prueba viviente de este éxito?

«Sí», dice la alcaldesa. «Kylian es el orgullo de la ciudad. Existe el inmenso orgullo de haber dado a la metrópoli parisina y a toda Francia un talento y un joven magnífico que me ha hecho amar el fútbol, aunque prefiera el rugby. Un niño que no ha olvidado a Bondy.

Es el embajador del territorio, la prueba encarnada de una ciudad de las posibilidades».

«Es la estrella del espectáculo», añade Oswald Binazon, responsable de las instalaciones del estadio de Bondy. «Pero tenemos muchos deportistas que han llegado a lo más alto en balonmano, rugby, esgrima, judo y fútbol. También hemos tenido equipos como el AS de baloncesto masculino de Bondy, que ganó el título de 1998 en la categoría Nacional 1, mientras que el equipo de balonmano femenino juega en la categoría D1. Si Bondy es una ciudad extremadamente deportiva, lo es también gracias a la voluntad política de hacer participar a los niños en el deporte. En 1978, el exalcalde Claude Fuzier creó la Asociación Deportiva de Bondy, que ahora cuenta con 26 disciplinas y 3.700 miembros. La AS Bondy trabaja en las escuelas para iniciar a los jóvenes en el deporte; en los patios de las escuelas hay pistas de balonmano y baloncesto. En la ciudad, tenemos un complejo de tenis, dos piscinas, cinco gimnasios, cinco estadios municipales, incluido el construido por Nike en el jardín Pasteur. ¿El corazón del deporte de Bondy? Se encuentra aquí, en el complejo deportivo Léo-Lagrange».

3

¡GUAU! ¡GUAU!

A las 6 de la tarde, se han comido todas las crepes. Como cada miércoles, día de entrenamiento, y cada sábado, Karima ha preparado un centenar de ellas para los partidos. No queda ni una miga. Inconsolables, los campeones en ciernes, hambrientos y golosos, tienen que volver al estadio Léo-Lagrange sin un plato humeante ni bigotes de chocolate. Pueden comprar una bebida o caramelos, pero no es lo mismo. Athmane Airouche sonríe mientras sorbe un café preparado por Karima junto al puesto de refrescos. Tienen mucho café. Athmane saluda a los chicos que, antes de entrar en los vestuarios, se acercan a saludar y estrechar su mano. Luego va a echar un vistazo al trabajo del educador de los sub-11.

Desde junio de 2017, Airouche es el presidente del AS Bondy; antes, fue jugador y educador en la categoría sub-19, que era la «edad rebelde», reconoce. Frente a la pared cubierta de grafitis que adornan el nombre del club, desgrana cifras y datos: «Tenemos 800 socios, desde principiantes hasta séniors. Tenemos 140 mujeres, casi el doble que la temporada pasada. ¿El efecto Kylian? Efectivamente se nota. Por desgracia, hemos tenido que rechazar a muchos jóvenes porque no tenemos ni las estructuras ni la capacidad para acogerlos. Aquí tenemos dos campos de fútbol —uno artificial y otro de hierba natural—, un pabellón de fútbol sala cubierto y, en el otro extremo de la ciudad, el campo del estadio Robert-Gazzi. Somos un club de formación, sabemos trabajar con niños y adolescentes: esa es nuestra misión. No, nunca hemos pensado en fijarnos otros objetivos, aunque hemos formado a más de 30 jóvenes que se han convertido en profesionales. El año pasado, cuatro de nuestros jugadores acabaron en el PSG, el Burdeos y el Mónaco. Nuestro club es una estructura familiar con vocación social. No seleccionamos a los niños en función de su técnica o su capacidad; los aceptamos porque queremos que hagan deporte, que jueguen y se diviertan. No diferenciamos entre los niños de Bondy Norte y Bondy Sur, entre los de clase media y los de clase trabajadora. Desde el momento en que atraviesan las puertas del estadio, para nosotros todos son jugadores en ciernes cuya trayectoria escolar también seguimos al conocer a sus profesores y a sus familias. Intentamos transmitir a nuestros jóvenes valores como la educación, el respeto a los demás y a las normas, y el trabajo serio y bien hecho. Además, insistimos en la importancia de los estudios, porque no todo el mundo puede llegar a ser campeón de fútbol. Es una pena que, a veces, los padres les presionan: son ellos los que están obsesionados con la idea de tener un hijo futbolista. El otro día tuve una larga discusión con un padre. Al final le pregunté: "¿Pero no se alegraría de que su hijo se convirtiera en un brillante abogado?"».

¿Kylian Mbappé? «Hablamos a menudo de él porque en la vida de un club como el nuestro no veremos a un jugador con sus cualidades en 30 o 40 años. Lo citamos como modelo para nuestros jóvenes por la actitud ejemplar que tiene dentro y fuera del campo. Aquí todos están orgullosos de Kylian. ¿Por qué? Porque nació en este club y ha permanecido aquí durante nueve años».

Karima interrumpe al presidente: alguien lo está buscando. Tras ausentarse unos minutos, se dispone a reanudar su relato: «Antes vivía allí», dice Airouche, señalando los edificios blancos de la allée des Lilas, detrás de los muros del estadio. «Estaba aquí —prosigue— todos los días, siempre al lado de su padre, responsable técnico desde la categoría sub-11 hasta la sub-17. Kylian era el niño preferido del club. Se le podía ver entrando en el vestuario con un balón en la mano, de pie en un rincón, en silencio, para escuchar lo que decía el entrenador antes del partido. Era el chico que más asistía a charlas del mundo. No creo que muchos jugadores jóvenes hayan escuchado tanta charla técnica y táctica, incluyendo sermones y amonestaciones. Además, Kylian siempre ha sido una esponja, aprende rápido: desde muy joven ha absorbido conceptos futbolísticos que otros han escuchado y entendido años después».

Con tres o cuatro años, el pequeño favorito no da tregua a su padre, porque insiste en que lo inscriba en el AS Bondy. Kylian quiere jugar con los grandes, pero Wilfried cree que aún es demasiado pronto y teme, como profesor, no poder entrenarlo. El futuro pequeño genio del fútbol francés tuvo que contentarse con dar patadas al balón con niños de su edad, en el pequeño terreno de juego junto a la escuela infantil Pasteur a la que Fayza le llevaba cada mañana. A veces, incluso se atreve a impresionar a los mayores donde trabaja su padre: «Yo entrenaba a los porteros, ya que yo lo fui; Wilfried hacía de atacante y reuníamos a los sub-17, los sub-19 y a mayores para formar un solo grupo», dice Jean-François Suner, que acaba de llegar al estadio para supervisar los entrenamientos: «Acabamos trabajando de cara a la portería y Kylian, que tenía cinco años, estaba desesperado por jugar. Gritaba: "¡Quiero jugar! ¡Quiero jugar!", y su padre le decía: "Para, Kylian, ya ves que no puedes". Después de un rato, le dije a su padre: "Vamos, Wil, déjalo jugar". Empezó a hacer el ejercicio. Tenía cinco años, y empezó a darle vueltas a la pelota; nos reímos... En aquella época, era por supuesto mucho más lento, pero tenía una cualidad: cómo le pegaba al balón, ¡era increíble! Incluso los porteros no podían creerlo. Decían: "¿Quién demonios es este chico?". Y entonces me dije: "¡Guau! ¡Guau!"». Una expresión que todo el mundo utilizará cuando, finalmente, a la edad de 6 años, Kylian pueda incorporarse al AS Bondy. Su primer entrenador fue su padre, un hombre que Airouche describe así: «Generoso, trabajador, justo. Como Fayza, su esposa. No puedo disociarlos, porque están en ósmosis. Lo bueno que hicieron por su hijo también lo hicieron por los jóvenes de aquí. Nunca han hecho ninguna diferencia. Por ejemplo, Fayza siempre me decía: "Cuando compre una casa, quiero que tenga un gran terreno, para que los niños del club pueden venir a jugar a la pelota". Incluso ahora que se han ido a vivir a París, seguimos en contacto. Cuando tengo noticias de ellos, me dicen cien veces: "Athmane, si necesitas algo, que sepas que estamos aquí". Son muy generosos. Y no hay que olvidar que, gracias a Kylian, todos los jóvenes de nuestro club están equipados por Nike».

Pero ¿qué clase de entrenador era Wilfried con su hijo? «No le hizo ningún favor. No dudaba en criticar a Kylian por su propio bien y para demostrar que no había favoritismo. Era estricto, pero era igual con los otros niños. Se notaba que tuvo un verdadero papel de educador y un verdadero proyecto en este club», explica el padre de uno de los chicos que jugó con Kylian. ¿Y cómo era el futuro número 29 del PSG? «Era un niño que soñaba con ser futbolista como todos —añade Airouche—. Pero con unas cualidades que los jugadores de su edad no tenían».

«Hizo cosas más difíciles que los demás, las hizo mejor y más rápido. Y lo volvió a hacer en todos los partidos. Era diez, veinte, cien veces mejor que sus compañeros de equipo. Era realmente extraordinario», responde Antonio Riccardi, que lleva once años en el AS Bondy, primero como jugador y ahora como responsable de los sub-15.

Terminado el entrenamiento, se refugiaba en un pequeño espacio de los vestuarios, en medio del bullicio de los chicos. Riccardi recuerda cuando empezó a entrenar a Kylian: «Le conozco desde que era un bebé, porque Wilfried fue como un segundo padre para mí:

me formó como jugador y como entrenador. Recuerdo a Kylian con 4 años, cantando La Marsellesa con la mano sobre el corazón, o a la edad de 6 o 7 años, diciendo muy tranquilo: "Voy a jugar en la selección francesa y voy a jugar el Mundial..."».

«Es cierto, a esa edad —recuerda un miembro del equipo que jugó con Kylian durante años— no paraba de decirnos que quería ser Balón de Oro, ser profesional y jugar en el Real. Y nosotros le decíamos: "¡Vamos, basta!"».

«No podíamos hacer otra cosa que sonreír, cuando, en serio, era una predicción: Clairefontaine, Rennes —como su hermano Jirès Kembo—, y luego la selección nacional, el Real Madrid. Pensábamos que era un gran soñador», dice Riccardi.

Pero en el terreno de juego, el niño de la allée des Lilas demuestra que está bastante lúcido: «Yo —explica Fanfan— lo tuve durante un año, cuando lo subieron a la categoría sub-10. Y, en los entrenamientos, vimos enseguida que tenía una facilidad técnica, una desenvoltura; era muy rápido, sabíamos que iba a llegar al máximo nivel, sin ningún problema físico. Sólo estuvo cuatro meses con nosotros como principiante, y luego siempre fue mejorando con jugadores nacidos en 1997 e incluso en 1996. Habiendo nacido al final del año, prácticamente jugaba con rivales que tenían tres años más que él». «Y, sin embargo, era el mejor —añade Riccardi—. Marcaba la diferencia. Era rápido, muy rápido, como si fuera un sénior de alto nivel; entendía cómo destacar. ¿Su mayor cualidad? Era rápido con el balón. Tenía un talento natural».

«Es un regateador nato. Uno de esos jugadores que tienen algo, como Messi, como Neymar, como Ousmane Dembélé. Es maduro y nunca se presiona a sí mismo. Cuando le veo jugar en el fútbol profesional, me digo: "En casa era igual"», confirma Suner.

«Como entrenador —admite Riccardi—, sólo podíamos aconsejarle sobre las decisiones que debía tomar, como: "Deberías tirar antes", "Deberías pasar el balón" o "Deberías regatear a otro rival".

No necesitaba que le enseñaran nada más porque técnicamente era excepcional y no necesitaba que se lo dijeran dos veces. Entendía inmediatamente lo que el entrenador le pedía.»

Al salir de los vestuarios, hace un frío glacial y está oscuro. Al otro lado de los campos de juego, las gradas y la inscripción en el muro perimetral «Más rápido, más alto, más fuerte», un lema que podría ser el de Kylian, son casi invisibles. Los focos sólo iluminan a las chicas y chicos que, sobre el maltrecho césped, intentan una y otra vez secuencias de juego, pases y tiros a puerta. Ya en el calor del vestuario, continúan las historias y anécdotas sobre el antiguo miembro del AS Bondy:

«Su ídolo era Cristiano Ronaldo: tenía pósters del jugador portugués en las paredes de su habitación. Le encantaba el Ronaldo del Manchester United y de los primeros años del Real Madrid, el número 7 que hacía maravillas por la banda izquierda. Le encantaban sus regates: después de verlos una y otra vez en la televisión, intentaba reproducirlos en el campo», dice Riccardi.

Pero el cinco veces ganador del Balón de Oro no es el único campeón que Kylian admira: entre sus héroes también están Ronaldinho y Zidane. Los amigos de la infancia todavía se burlan de aquella vez que, ingenuamente, pidió al peluquero el mismo corte de pelo que Zizou… ¡Y el peluquero le miró como si estuviera tratando con un loco! Años más tarde, Kylian se justificaría así:

«Cuando admiras a un jugador, lo quieres hacer todo como él. Y yo, en ese momento, no sabía qué era la calvicie».

Mamadou Yaté, coordinador técnico de las categorías sub-10 a sub-17, se entrena con retraso. Cuando tiene tiempo, se detiene a charlar con los visitantes: «Había oído hablar de Kylian gracias a su padre, que era monitor en los barrios, que solía ir a las escuelas para introducir a los jóvenes en el fútbol y que entrenaba a mis amigos. Había oído que era muy fuerte, que este chico tenía unas posibilidades extraordinarias, pero la primera vez que lo conocí me quedé alucinado: fue en 2005, yo entrenaba a un equipo de su categoría en un club cercano, el Stade de l'Est de Les Pavillons-sous-Bois. Era un derbi contra el AS Bondy. Al final de la primera parte, el resultado era de 0-0, lo cual estaba bien. Pero no terminó así: perdimos, creo, 5-1. Kylian debió de marcar tres goles. Podía hacer cosas que sólo los grandes podían hacer; veía el juego antes que nadie y, cuando tenía el balón entre los pies, los míos retrocedían por miedo a ser regateados y ridiculizados».

Si era un fenómeno en el campo, también lo es en la escuela. Después del jardín de infancia Pasteur, Kylian Mbappé asistió a la escuela primaria Olympe-de-Gouges. En una entrevista concedida a *L'Équipe*, Yannick Saint-André, antiguo director de la escuela, recuerda que todas las tardes Fayza se reunía con él y con Marc, el profesor, para saber cómo había ido la jornada de su hijo, cómo se había comportado y qué notas había sacado: «Kylian sabía que si sacaba malos resultados, sus padres no lo dejarían pasar. Además, tenía la habilidad de saber cuándo debía ponerse a trabajar».

Muy atentos a la escolarización y educación de su hijo mayor, Fayza y Wilfried lo inscribieron en clases de tenis, de natación, de teatro y de música; Kylian aprendió a tocar la flauta travesera. Además, para evitar que se escabullera y se metiera en malas compañías, sus padres lo matricularon en un colegio católico privado de Bondy: el grupo escolar Assomption. Incluso allí le vigilaban: en quinto, él era el único alumno que tenía —según recuerda Nicole Lefèvre, su profesora de francés— una hoja de seguimiento; cada hora, tenía que hacerla firmar por sus profesores, que luego indicaban su comportamiento durante la clase con las palabras «bueno», «muy bueno» o «malo».

Inteligente, vivaz, travieso, soñador, simpático, hiperactivo, indisciplinado, ingobernable: así lo definen algunos de sus profesores. El problema no es el francés, la geografía o las matemáticas, ni sus resultados —que suelen ser satisfactorios—, sino su actitud, sus tonterías.

Además, el niño, que no puede quedarse quieto en su silla, es incapaz de escuchar las explicaciones de sus profesores y se aburre al cabo de un rato. El ritmo lento de la escuela no es para él. O quizás, más sencillamente:

«La escuela no era su prioridad. Kylian tenía una idea, y era convertirse en futbolista profesional», dice Jean-François Suner. «Le encantaba el fútbol, pensaba en el fútbol y hablaba de él todo el tiempo; cuando no estaba en el estadio, jugaba en el salón de su casa o se sentaba delante de su videoconsola a jugar al FIFA. Y cuando en la televisión daban un partido, puedes estar seguro de que no se perdía un detalle. Además, creció en una familia en la que todos amaban el fútbol: basta ver a su padre y a su tío», dice Riccardi.

Talento, pasión, determinación: todos estos son valores familiares arraigados en Kylian, una inteligente mezcla que le convierte en el pequeño genio tan apreciado por los entrenadores y los miembros del equipo: «Todo el mundo quedaba muy impresionado, tanto los jugadores de nuestro equipo como los rivales», recuerda Théo Suner, que jugó con Kylian en casi todas las categorías del AS Bondy y que ahora es el portero de los sub-19 de la división departamental 2. «Cuando cogía el balón, podía eliminar a varios jugadores en una sola acción. Recuerdo el torneo internacional sub-11 de Tremblay, donde estuvo increíble. Llegamos muy lejos a pesar de la presencia de clubes como el FC Porto y el Feyenoord de Rotterdam. Y llevó al equipo durante toda la competición. He jugado con muchos futbolistas que se han hecho profesionales y nunca he visto nada parecido, nadie se acercó a su nivel. Regateaba a todo el mundo. Marcaba o hacía que otro marcara».

«Era capaz de marcar cincuenta goles por temporada en los sub-13 y en las categorías inferiores ya no se cuentan los goles. Podía anotar tres por partido y dar dos asistencias. Conmigo, siempre jugó como extremo izquierdo; en la derecha, estaba Jonathan Ikoné, cedido por el PSG al Montpellier. Se llevaban bien, compartían una hermosa complicidad, incluso fuera del campo. Kylian era un buen amigo, divertido, sonriente; conmigo nunca tuvo problemas. No era el tipo de líder o capitán que da lecciones a sus compañeros, pero, en el campo, se convertía en el motor de un gran equipo.»

De hecho, en Bondy, la generación de 1998-1999, además de estos dos jugadores, también incluye a Joé Kobo —ahora en el Caen— y a Metehan Güclü —ahora en el PSG—, pero la estrella era Kylian.

«Recuerdo —dice Riccardi— un partido del campeonato, estábamos jugando por la permanencia: íbamos ganando por 2-0, pero concedimos un gol. Un amigo le dijo a Kylian: "Ya verás, van a empatar". Y él respondió: "No te preocupes. Espera y verás, en dos minutos les meteré un gol". Pues bien…, Kylian coge el balón en nuestro campo, los regatea a todos, se planta delante del portero y marca un gol como Messi. En el banquillo conmigo estaba su padre, que quería darle una paliza porque Kylian no estaba jugando a su nivel. En ese momento, le dije: "Ahora, en lugar de matarlo, vas a felicitarlo"».

A lo largo de la velada, los recuerdos de Seine-Saint-Denis se suceden. Y Jean-François Suner evoca otro, quizá uno de los más bellos, que muestra al chico de la camiseta blanca y verde con el número 10 a la espalda: «Jugábamos contra Bobigny, un partido importante. 0-0 al descanso y no nos salía. Es cierto que en nuestros equipos nos gusta jugar el balón, imponer el juego y pasarnos la pelota, pero ese día no estaba funcionando. En el descanso, entré en el vestuario y le pedí al entrenador que me dejara decir unas palabras. Les dije a los jugadores: "Escuchad, hoy no vamos a darle más vueltas. La cosa es simple: en la segunda parte, le damos el balón a Kylian y ya está". Ganamos 4-0 y fue él quien metió los goles».

Una última pregunta: ¿le gustaban a Kylian las crepes de Nutella? «Por desgracia, cuando jugaba aquí, no existía el bar de refrescos —explica Airouche—. Pero ahora, cuando venga a visitarnos, podrá recuperar el tiempo perdido».

4

LA NUEVA SENSACIÓN

¿Qué ojeador de Île-de-France descubrió realmente al juga-dor? Es difícil decirlo, ya que muchos ojeadores afirma-ban haber descubierto al futuro prodigio. Pronto, hubo docenas de *scouts*. En los días de partido del AS Bondy, había una gran multitud, y algunos incluso parecían dispuestos a pagar sólo para ver al fenó-meno en acción.

Sin embargo, parece que Reda Hammache fue uno de los prime-ros representantes de un club profesional que se encaprichó de Kylian. En ese momento, tenía 27 años y llevaba el doble sombrero de educador del club vecino US Saint-Denis y de ojeador de la re-gión parisina para el Stade Rennais. Fue este segundo papel el que le llevó a Bondy en febrero de 2009. Por consejo de un entrenador del club local, acudió a un partido del campeonato sub-13 en el estadio Robert-Gazzi —el otro campo de juego del US Bondy—, un pintoresco estadio encajado entre la estación de tren y una zona residencial obrera: «Un estadio un poco folclórico», se ríe hoy quien fue defensor de categoría regional que ha recorrido un largo camino hasta convertirse, en 2017, en miembro de la organización profesio-nal del Lille y en un referente del mercado francés para el club norteño. «Aquel día, el terreno de juego estaba tan duro como el cemento. Pero eso no me impidió disfrutar y apreciar las cualidades de Kylian. Como jugaba con chicos que tenían dos años más que él, era más pequeño y frágil, pero ya tenía buena pinta, una elegancia natural. Cuando tocaba el balón, siempre pasaba algo. Aunque no lo hiciera todo bien, pude ver desde el principio que estaba por encima del resto.»

El Stade Rennais ya había oído hablar del jugador. En el campo de entrenamiento, el chico no había pasado desapercibido en las ocasiones en que había acudido al club desde la contratación de su hermano mayor, Jirès Kembo, en 2004. Por eso, cuando llegan los primeros informes, es una maravilla verlo en acción.

En mayo de 2009, el joven extremo fue convocado para el torneo de Gif-sur-Yvette, una pequeña ciudad de la región francesa de Essonne, a unos 30 kilómetros al suroeste de la capital. El Stade Rennais aprovecha ese evento anual para probar a los jugadores sub-12 localizados en la región de París. Y, aunque Kylian es un año más joven, forma parte del equipo dirigido por Reda Hammache:

«Terminamos los séptimos de 32, lo que fue un buen resultado teniendo en cuenta la falta de automatismos de nuestros jugadores en el campo. Kylian estuvo muy bien, probablemente fue el mejor. Era una delicia verle jugar, aunque tendía a molestar a sus compañeros al retener a veces demasiado el balón».

Para hacerle comprender la importancia del juego en equipo y del trabajo defensivo, el joven entrenador decidió hacerle jugar un partido en el lateral derecho: «Nunca se quedaba en su posición. Seguía subiendo, nunca volvía y sólo hacía lo que quería. Para no humillarle, y porque Kylian también era decisivo en el plano ofensivo, Hammache le dejó jugar en el campo hasta el final del partido. Pero, en cuanto sonó el pitido final, se llevó al jugador aparte: «No quería dejarle en evidencia, así que primero enumeré todas las cosas buenas que había hecho. Le di las gracias por haber ganado el partido. Luego llegué a los puntos negativos, el hecho de que no había respetado las instrucciones dadas antes del partido. Le hice entender que, como educador, no podía permitirme alinear a un jugador que no me escuchara. Así que iba a ser suplente en el siguiente partido. Evidentemente estaba molesto, pero entendía mi decisión».

La pequeña joya de Bondy comenzó el siguiente partido en la banda, enfurruñado en la esquina del banquillo, haciendo pucheros hasta que su equipo consiguió un tiro libre bien colocado en el borde del área de penalti. Su entrenador pidió inmediatamente un cambio: «Llamé a Kylian y le dije: "Te toca, vas a entrar. Esta vez quiero que juegues en posición de ataque. Diviértete, pero en primer lugar, vas a lanzar ese tiro libre". Salió corriendo, se tomó su tiempo para colocar el balón, lo ejecutó… ¡y marcó con un gran disparo! Estaba feliz y había recuperado su sonrisa y su alegría de vivir en un instante. Luego vino a celebrar su gol saltando a mis brazos. Ese fue el comienzo de nuestra relación. Después de ese episodio, podía pedirle cualquier cosa en el campo y lo hacía. Me había ganado su confianza».

Además, se llevaba bien con sus padres, que apreciaban el estilo de gestión del entrenador del Rennes: «Al final del torneo, vinieron a darme las gracias, diciendo que era una de las pocas personas que había entendido cómo trabajaba su hijo». Pero, a pesar de los elogios y de la estupenda aventura en la Copa Gif, el club bretón no consiguió atraer a Kylian: «Era todavía muy joven y era muy complicado para el Rennes, y para los demás clubes profesionales, llevarlo al centro de formación antes de los 15 años. También creo que la presencia de Jirès Kembo no era necesariamente una ventaja para nosotros, ya que tenía algunas dificultades en el primer equipo en ese momento», explica un antiguo entrenador del club.

Al final del torneo en Gif-sur-Yvette, las redes sociales difundieron un vídeo con un texto halagador: «Sólo tiene 10 años, pero ya se le compara con la gran estrella del Man City. Un cierto parecido físico, pero sobre todo gestos técnicos que recuerdan extrañamente a

Robinho. Todavía queda mucho camino por recorrer, pero muchos clubes ya piensan que tiene ciertas aptitudes para el máximo nivel. Juzgadlo vosotros…», escribió el *youtuber* KEWJF al publicar su recopilación. Cuatro minutos y veinte segundos en los que aparece el niño con una música épica. Ya sea con la camiseta verde y blanca con el número 10 del Bondy, o con la roja con el número 6 del Stade Rennais, Kylian ofrece un espectáculo ante la cámara: una serie de regates seguidos de un pequeño caño, un sutil taconazo para deshacerse de un adversario, una ruleta perfecta a lo Zidane o un tiro libre a la escuadra, puede verse todo el abanico de gestos técnicos. Como extra, hay incluso una celebración filmada en plano americano en la que imita a un surfista, un gesto que repetiría unos años después. Evidentemente, este vídeo contribuye a mantener la expectación en torno al fenómeno de Seine-Saint-Denis.

Mientras tanto, Reda Hammache deja el Stade Rennais para fichar por el Racing Club de Lens, al que llegó en la temporada 2009-2010 con dos ofertas prioritarias: el centrocampista Jeff Reine-Adelaide, que se incorporó al club norteño antes de ser fichado por el Arsenal en 2015, y su otro hallazgo, Kylian Mbappé. Sin embargo, la competencia se ha vuelto feroz entre los clubes dispuestos a hacerse con el jugador, ya que el París Saint-Germain, el Burdeos y el Caen también están en la carrera por ficharlo con un acuerdo de no captación que lo mantendrá alejado de otros clubes franceses hasta que firme un contrato de formación a los 15 años.

Para los padres, no es cuestión de dejarse llevar por esta abundancia de propuestas. Quieren tomarse su tiempo, discutir, reflexionar, sopesar los pros y los contras para tomar una decisión tranquila y colectiva: «Aunque Fayza y Wilfried parezcan abiertos y encantadores a primera vista, también son muy recelosos», explica un familiar. Así que no querían precipitarse y preferían reunir toda la información posible. A pesar de lo que digan algunos, para ellos nunca fue una cuestión de dinero, aunque eran conscientes de las sumas que se manejaban. Su planteamiento era sólido y prefirieron acudir a estructuras con verdaderos referentes y un proyecto familiar, en lugar de inclinarse por clubes de primera línea con propuestas financieras mucho más interesantes.

El Stade Malherbe de Caen, un modesto club de la primera división francesa que tuvo su momento de gloria en los años 90, cuando disputó la Copa de la UEFA frente al Real Zaragoza español, se fijó en Kylian en septiembre de 2009. «El futuro ganador del Balón de Oro», así es como David Lasry, los ojos del club normando en la región parisina, presentó a la dirección su último hallazgo. Evidentemente, esto despertó la curiosidad de Laurent Glaize, el jefe de contratación, que rápidamente se hizo cargo del caso y no quedó decepcionado por el viaje a Bondy: «Cuando le vi jugar un mes después, comprendí inmediatamente que estábamos ante un fenómeno. Y puedo decir que nunca había utilizado esa palabra. Con nuestros limitados recursos, tuvimos que actuar muy rápido si queríamos tener una oportunidad de contar con Kylian».

El personal de Caen estableció así un primer contacto con la familia. David Lasry acudió en varias ocasiones para supervisar al jugador y mostrar a Wilfried Mbappé el saber hacer de la casa:

«No teníamos los medios de París y no era la política del club "comprar" a un chico. Nuestro proyecto se basaba en el aspecto humano, la vida en el club, y el paso a las filas profesionales era mucho más fácil en Caen que en otros lugares. Sabíamos que sería difícil, pero lo intentamos. Empezamos con pequeños gestos, como un regalo por Navidad o un jersey por su cumpleaños, y acabamos haciendo una primera propuesta al nivel más bajo posible. Al no recibir respuesta, decidimos llamar a los padres y preguntarles si habían recibido nuestra carta. ¿Y sabes lo que respondió Wilfried, riéndose?: "A tu propuesta le debe faltar una hoja… ¡No puedes cazar un tiburón con una caña de pescar!" No se equivocaban, el chico ya valía lo suyo».

El Racing Club de Lens también estaba al acecho. La llegada de Reda Hammache facilita el contacto y la familia finalmente se desplazó al norte de Francia en junio de 2010. Le dio la bienvenida el director de formación Marc Westerloppe, conocido entre sus compañeros por haber lanzado la carrera de Didier Drogba cuando estaba en el Le Mans: «Pasamos la mañana juntos, y por la tarde Kylian participó en un partido con nuestros sub-12 y algunos otros chicos que habían venido a probar suerte como él. Durante ese partido, estuvo increíble. Ya le había visto en acción un mes antes con su club, pero ese día hizo cosas que nunca había visto hacer a un chico de su edad. Su contratación era prioritaria y me apresuré a informar a la dirección del club».

En la temporada siguiente, los candidatos aumentaron sus intentos de seducción. El PSG ofreció a Kylian una gira por España, pero el jugador prefirió aceptar la invitación del Caen para participar en el torneo Jean-Pingeon, al final del cual fue elegido mejor jugador de la competición. Entre septiembre de 2010 y junio de 2011, el AS Mónaco, el FC Sochaux y el Girondins de Burdeos —donde el jugador fue visto en varias ocasiones durante las concentraciones «Cap Girondins»— participaron en las conversaciones, al igual que el Chelsea FC, el primer gran club europeo en mostrar interés. En la primavera de 2011, Kylian fue invitado por el club londinense a pasar una semana en el centro de entrenamiento de Cobham. Una experiencia única que permitirá al joven prodigio descubrir una nueva mentalidad en el seno del equipo dirigido por Carlo Ancelotti, conocer a Didier Drogba y, sobre todo, ponerse la camiseta de los Bleus durante un partido amistoso ganado por 7-0 contra el Charlton sub-12. Pero el Chelsea no consiguió el premio gordo. El clan Mbappé no le siguió: «Habría sido un trastorno demasiado grande para el niño y sus padres. Además, ya habían elegido a los dos finalistas», asegura alguien cercano. No sorprenderá que sean el Racing Club de Lens y el

Stade Malherbe de Caen. El mes de mayo de 2011 servirá para decidir cuál de los dos.

En esa última recta, los padres están multiplicando sus reuniones. En Lens, almorzaron en numerosas ocasiones con el presidente, Gervais Martel, y con Marc Westerloppe, con quien tenían buena relación. Hicieron lo mismo en Caen, donde pidieron reunirse con el entrenador del equipo profesional, Franck Dumas, la única persona que consideraban que podía garantizar el proyecto deportivo. Este encuentro iba a ser decisivo: «Franck Dumas llegó tarde, sin haber comido», recuerda divertido Laurent Glaize. Se tragó un bocadillo y luego pidió que se abriera la ventana de la sala de reuniones que daba al campo de entrenamiento para encender un cigarrillo. A continuación, envió a su ayudante a cuidar a los jugadores en vísperas de un partido que decidiría la permanencia o no del equipo. Pero tenía confianza en su staff y era consciente de la importancia del asunto. La reunión duró casi tres horas y Franck Dumas estuvo genial. El ambiente fue distendido y el entrenador, fiel a su reputación, bromeaba continuamente y hacía juegos de palabras. Se ganó a los padres con su sencillez y su discurso paternalista. Les explicó que en el Caen el joven no quemaría etapas de forma precipitada, estaría bien cuidado y, en cuanto estuviera listo, lo subiría a las filas profesionales sin dudarlo, como había hecho un mes antes con el joven de 16 años M'Baye Niang.

Fayza, Wilfried y Kylian se van encantados de Normandía. Unas semanas más tarde, el veredicto del campeonato de la Ligue 1 francesa confirmó sus impresiones. El Caen aseguró su supervivencia con un alentador decimoquinto lugar, mientras que el otro «finalista», el Racing Club de Lens, desciende a la Ligue 2 con el AS Mónaco y el Arles-Avignon. La elección era obvia: «Siempre recordaré el momento en que sonó mi teléfono», dice Laurent Glaize. Estaba de vacaciones, junto a la piscina, cuando vi el número de Wilfried en la pantalla. Me dijo: «Lo primero que te digo es que hemos elegido

Caen». Tras dos años de duro trabajo en este tema, qué inmensa alegría: ¡nos habíamos llevado el gato al agua!

La propuesta fue que Kylian se incorporara al centro de formación dos años más tarde, en agosto de 2013, con un contrato de formación que desembocaría automáticamente en un contrato profesional. Además, el Caen debería pagar una prima de fichaje de 120.000 o 180.000 euros, en función del nivel del primer equipo en el momento de su llegada. Aunque de momento no se había firmado nada, el acuerdo era solo de palabra…

5

Y EL GANADOR ES...

Thierry Henry, Nicolas Anelka, William Gallas, Blaise Matuidi y Hatem Ben Arfa: todos esos internacionales franceses pasaron por allí. Otros jugadores, como Anthony Martial, habrían querido venir a perfeccionar sus habilidades en el pulmón verde de la finca de Montjoye, a unos 50 kilómetros al suroeste de París, pero no superaron la prueba de acceso. El Instituto Nacional de Fútbol, situado en Clairefontaine-en-Yvelines —conocido como «INF Clairefontaine»—, no sólo es el campamento base de las selecciones nacionales francesas, sino que también es un lugar popular para los jóvenes futbolistas de la región de París. Desde 1988, ofrece a los jugadores más afortunados y con más talento el acceso casi gratuito a unas condiciones óptimas para realizar dos años de preformación —entre los 13 y los 15 años— y preparar su entrada en el centro de formación de un club profesional: «El INF es un proyecto tridimensional: humanista, deportivo y académico —explica el antiguo director, Gérard Prêcheur—. Y si el objetivo principal de los chicos es seguir su sueño, no es cuestión de descuidar sus estudios y ocultar la verdad: la gran mayoría no lo conseguirá. En Francia, solo entre 80 y 90 jugadores consiguen firmar su primer contrato profesional cada año».

¿Y qué pasa con Kylian? A la espera de incorporarse al centro de formación del Stade Malherbe de Caen con 15 años, ingresa en el INF Clairefontaine en agosto de 2011. Unos meses antes, había superado con éxito las pruebas de selección y había impresionado al público: «Simplemente acaparó todo el protagonismo —resume Prêcheur—. El chico me sedujo desde el principio. Con el balón, reunía precisión técnica y velocidad de ejecución, lo que es muy raro a esa edad, y también tenía un lado natural que no intenta ser convencional. Sabía lo que quería: "ser futbolista profesional", "ser uno de los mejores", "ganar el Balón de Oro". Ya estaba en su cabeza y lo expresaba con una gran fortaleza. Así que, como sus resultados escolares eran satisfactorios —aunque rápidamente nos diésemos cuenta de que esa no sería su principal cualidad—, no es de extrañar que fuera uno de los 22 jugadores seleccionados entre los 2.000 candidatos. Todos los domingos por la tarde se desplazaba a Clairefontaine para entrenarse allí todos los días, mientras se beneficiaba de una escolarización especial en el colegio Catherine de Vivonne de Rambouillet. Los viernes por la tarde, volvía con su familia a Bondy y jugaba el fin de semana en su club, donde ascendió a la categoría sub-15 el primer año, y luego a la sub-17 la temporada siguiente.

A pesar de su corta edad —apenas 13 años cuando descubrió el INF—, Kylian le tomó rápidamente la medida a su nueva vida. En el internado de Clairefontaine, compartió inicialmente una habitación con Armand Lauriente, otro delantero del club de Sarcelles, y el segundo año con Khamis Digol-Ndozangue, un defensa que más tarde pasó al AJ Auxerre. Muy pronto, entre partidas de cartas de Crazy 8 y discusiones informales sobre fútbol, su personalidad lo hace muy popular: "Oh, sí, siempre era el primero en hacer bromas y en dar la nota", confirma Kilian Bevis, que volvió luego a los aficionados. Le pusimos muchos apodos, entre los cuales, "El Bebé", por su lado enfurruñado».

«Kylian era un tipo divertido y uno de los primeros en crear ambiente burlándose de los demás, ¡sobre todo durante las batallas de canto improvisadas en el autobús que nos llevaba del colegio al entrenamiento! —explica Yann Kitala, delantero que se hizo profesional en 2017 en el Olympique de Lyon—. Éramos como hermanos. Pensábamos en el fútbol las 24 horas del día. Jugábamos uno contra uno en las habitaciones y, cuando eso no era suficiente, tomábamos prestado discretamente un balcón por la noche para bajar al parque y jugar cinco contra cinco. Como no había luces, ¡usábamos nuestros teléfonos para iluminar el lugar!».

En el complejo de Clairefontaine, donde la veintena de chicos de la promoción de 1998 se entrena todas las tardes después de las clases bajo la dirección de Jean-Claude Lafargue, Kylian descubrió la competencia: «En el Bondy, era la estrella de su equipo, el mejor de su club y de su liga, pero en el INF se encontraba con jugadores del mismo nivel o incluso más fuertes que él», asegura uno de sus antiguos compañeros. «Es cierto que no siempre fue fácil para él durante los dos años que pasó con nosotros —continúa Gérard Prêcheur—. En los clubes de aficionados, no pedimos demasiado a un delantero que defienda. Aquí, se encontró en medio de los mejores jugadores de la región de París. Eso le empujó a mejorar su juego individual y colectivo. Le empujó a superarse en su juego individual y colectivo».

Durante su estancia en Clairefontaine, Kylian tendrá que demostrar mucha fuerza de carácter porque, a medida que pasan los meses, el acuerdo cerrado en el verano de 2011 con el Stade Malherbe de Caen se muestra cada vez más inestable. El club de Normandía tenía grandes dificultades deportivas y su presupuesto había sido revisado a la baja: «Al final de su primer año en el INF, todavía no se había firmado ningún documento. Queríamos hacer las cosas bien, pero las cosas se alargaron y la situación se complicó finalmente con el descenso de nuestro club a la Ligue 2 al final de la temporada 2011-2012 —dice Laurent Glaize con un toque de amargura—. Seguimos hablando con la familia, pero, al cabo de un tiempo, la dirección de Caen me pidió que renunciara. El presidente de

entonces, Jean-François Fortin, siempre ha protegido a sus empleados. Tenía que elegir entre pagar 60.000 euros al año por un jugador
de 13 años o mantener a uno o dos empleados. La elección se hizo
rápidamente, aunque su llegada hubiera sido una verdadera inversión para el club. Así que me pidieron que informara a la familia y,
en el curso de la temporada 2012-2013, les comuniqué la decisión
por teléfono. Al otro lado del teléfono, Fayza dijo: "¿Y cómo lo ha-
cemos ahora? Les he dicho a todos los demás clubes que vamos a
firmar con vosotros". Reconozco que ha sido el momento más difícil de mi carrera... ¡decir no a Kylian Mbappé!».

Independientemente del cambio de rumbo del Caen, el pequeño
prodigio de Seine-Saint-Denis no tardó en atraer el interés de muchos clubes que sintieron el viento a favor. Kylian tendrá así la oportunidad de cumplir una promesa que le hizo a su tío Pierre Mbappé
en su décimo cumpleaños, cuando éste le regaló una maqueta del
estadio Santiago Bernabéu.

Dijo con aplomo a quienes se habían congregado para verle soplar las velas: «Un día os llevaré a los vestuarios del Real Madrid».
En ese momento, todo el mundo se rio y se burló de él. Sin embargo,
cuatro años después, el loco sueño del chico se hizo realidad. Al
parecer, Kylian fue visto en noviembre de 2012 por un ojeador del
Real Madrid durante un partido con la camiseta blanca del INF Clairefontaine. Al menos eso es lo que le explicó el jefe de contratación
del club español a Wilfried cuando se puso en contacto con él por
teléfono e invitó a su hijo a una concentración de una semana en
Madrid. «Caía en la semana de su cumpleaños —dijeron sus padres
a la prensa local—. Así que no fuimos a España para averiguar más
sobre su potencial, sino para hacerle feliz».

Como todo gran club, el Real Madrid se encargó de la recepción
de la familia, acompañada en esta ocasión por los fieles: el tío Pierre
Mbappé y el amigo de toda la vida Alain Mboma. A la salida del
aeropuerto, el 16 de diciembre de 2012, un conductor les esperaba

para llevar al pequeño grupo al hotel. El resto del viaje fue relatado con todo lujo de detalles por Kylian en el semanario *France Football* y publicado en la edición del 19 de diciembre de 2017: «El primer día, teníamos entradas para un partido de Liga contra el Espanyol de Barcelona. A la mañana siguiente, llegamos al centro de formación. El Sr. Zidane nos enseñó un poco, y luego participé en una primera sesión de entrenamiento: ¡todo era cuestión de juego! También he jugado un partido. El cuarto día, hice un calentamiento y vi a los jugadores. Me hice fotos con todos ellos».

En una de ellas, tomada en los salones del centro de entrenamiento de Valdebebas, se puede ver a Kylian con un chándal del Real Madrid del brazo de su ídolo de toda la vida, Cristiano Ronaldo. A pesar del empate a dos contra el Espanyol de Barcelona unos días antes, el portugués está de buen humor y con una amplia sonrisa. A su lado, Kylian no parece nada intimidado, y levanta dos dedos en señal de victoria. Este encuentro con el múltiple ganador del Balón de Oro seguirá siendo durante mucho tiempo el trofeo más bonito de su estancia en Madrid.

De vuelta a la región parisina, Kylian contó a sus amigos y familiares la increíble aventura que acababa de vivir: «Nos contó su encuentro con Zidane y, por supuesto, con Ronaldo. Nos enseñó las fotos, pero sin presumir», recuerda Theo Suner. Obviamente, nos hizo soñar, pero rápidamente nos dimos cuenta de que historias como esa eran raras y no le ocurrían a todo el mundo.

El entusiasta cortejo del Real Madrid y la presencia del ex astro francés a su lado no son suficientes para hacer perder la cabeza al clan Mbappé. Al igual que en 2011, tras el viaje al Chelsea, finalmente se impuso la razón: «Seguimos con el mismo estado de ánimo. Aunque Zinédine Zidane nos ha acompañado y nos ha explicado el proyecto, nos quedamos en nuestro sitio y mantenemos la cabeza sobre los hombros —declaró Pierre Mbappé en una entrevista, no necesariamente impresionado por ver a su sobrino siendo deseado por uno de los mayores clubes del mundo—. Incluso hoy, la gente me pregunta por qué Kylian no se fue al Real. Es sencillo: porque era muy joven y no había certeza de que fuera a funcionar. La gente no se da cuenta del gran cambio que habría supuesto para un chico de 14 años. Habría tenido que adaptarse a un nuevo idioma, a un nuevo club y habría supuesto un cambio de vida radical para toda una familia. Así que hubo discusiones e intercambios de impresiones y se tomó una decisión».

Esta elección no será favorable para la Casa Blanca. Tampoco lo será para el Manchester City, el segundo club inglés en liza tras el Chelsea FC. En Francia, el Girondins de Burdeos también se encontrará contra las cuerdas, al igual que el París Saint-Germain, que, al igual que su emblemático ojeador en la región de Île-de-France, Pierre Reynaud, nunca se ha dado por vencido desde los primeros contactos en 2009. A todos estos pretendientes se les adelantó un club de segunda división, el AS Mónaco. En la primavera de 2013, el club del principado estaba a punto de volver a la élite del campeonato francés y, sobre todo, disponía de unos recursos financieros colosales desde su adquisición, un año y medio antes, por el multimillonario ruso Dmitri Rybolovlev. Está en marcha un nuevo proyecto para construir un equipo competitivo a nivel europeo, con jugadores de renombre y grandes esperanzas. Para atraer a Kylian Mbappé, el AS Mónaco tiene otro as en la manga: la presencia en el club de un tal... Reda Hammache. El hombre que lo descubrió para el Rennes y luego lo atrajo al Lens, se unió al equipo de contratación del ASM durante la temporada, dirigido por Souleymane Camara: «En cuanto supe que Kylian volvía a estar en el mercado, me puse en contacto con su familia y les dije: "Vosotros sois libres, yo estoy en un nuevo club, ¡pues adelante!". Al principio, Wilfried y Fayza no estaban muy entusiasmados. La distancia les asustó un poco y no habían tenido buenos contactos con el club unos años antes. Les expliqué que el equipo

directivo había cambiado y finalmente les convencí para que conocieran a mi gerente, Souleymane Camara, y al director del centro de
formación, Frédéric Barilaro. Encajó de inmediato porque supieron
hablar con los padres y presentarles un proyecto coherente con las
ambiciones de Kylian».

El 3 de julio de 2013, tras cuatro años de negociaciones, nume-
rosos giros y dos maravillosos años pasados en el Instituto Nacional
de Fútbol de Clairefontaine, Kylian Mbappé firmó oficialmente con
un club profesional. El acuerdo sellado en la casa familiar de Bondy,
en presencia de Reda Hammache y Souleymane Camara, prevé un
contrato de aspirante de tres años y una prima de fichaje de más de
400.000 euros, según algunas fuentes: «En el 90% de los casos, y dada
la complejidad del expediente, deberíamos haber sentido alivio y una
alegría manifiesta. Aquí, en absoluto. Nadie se mostró eufórico. Se
hicieron fotos a Kylian con la camiseta del AS Mónaco con el número 7. Y pasamos a otra cosa. Para la familia y el niño, era sólo una
etapa».

6

EL INFIERNO DEL PARAÍSO

El Principado de Mónaco está enclavado en un pedazo de tierra entre Francia e Italia. Desde la Moyenne Corniche, que los turistas utilizan en los días soleados procedentes de Niza, el horizonte es infinito. Desde allí arriba, la vista es impactante, aunque se vea estropeada por imponentes edificios de hormigón que parecen dar a entender que el más mínimo espacio en ese lugar no tiene precio. Y no es sólo una impresión. Con sus 40.000 habitantes, tres cuartas partes de los cuales son extranjeros, la ciudad de Mónaco, de dos kilómetros cuadrados, tiene una densidad única y una opulencia que se extiende por cada esquina. Mónaco es un parque de atracciones a escala real en el que se puede pasear frente a los escaparates de las tiendas más prestigiosas, cruzarse en todo momento con relucientes coches de carreras, la mayoría de ellos de marcas italianas e inglesas, y divertirse con los curiosos apostados frente a los hoteles y los casinos de lujo de los que salen parejas extravagantemente vestidas a cualquier hora del día. Eso es lo que es Mónaco...

No necesariamente en la vida real, sino fruto de una ensoñación alimentada por las hazañas de los grandes campeones: Ayrton Senna ganó seis veces el Gran Premio de Fórmula 1, que cada año hace temblar las murallas de la ciudad, Rafael Nadal se siente como en casa tras sus diez victorias en la tierra batida de Montecarlo, Lionel Messi y Cristiano Ronaldo se reparten desde 2010 el trofeo de mejor jugador de la UEFA, que se entrega a finales de agosto durante el sorteo de la Liga de Campeones en el Foro Grimaldi. A la entrada de la ciudad, el estadio Louis-II no se queda atrás: el majestuoso y moderno estadio, construido en el barrio de Fontvieille, ha sido testigo de las hazañas de los más grandes atletas, desde Sergei Bubka hasta Usain Bolt. Desde los años 80, este estadio de 18.000 localidades es también el escenario de los partidos del AS Mónaco. En el estadio han jugado con la famosa camiseta en diagonal roja y blanca jugadores de la talla del brasileño Sonny Anderson, el liberiano George Weah, el español Fernando Morientes y los campeones del mundo de 1998, Youri Djorkaeff, Thierry Henry y David Trezeguet. En el verano de 2013, con motivo de su regreso a la Ligue 1, el club continuó esta tradición contratando a grandes delanteros: los colombianos Radamel Falcao y James Rodríguez fueron fichados del Atlético de Madrid y el FC Porto por un total de 105 millones de euros. Al mismo tiempo, el francés Anthony Martial, aún menor de edad, fue arrebatado al Olympique de Lyon por 5 millones de euros. En este contexto, el fichaje de Kylian Mbappé, una joven promesa de casi 15 años, podría haber pasado desapercibido en el principado. En absoluto y, en un hecho poco frecuente para un jugador tan joven, apareció en un pequeño recuadro a principios de julio en la revista *France Football*. Fue una oportunidad para que el nuevo recluta del ASM revelara sus ambiciones con un lema inspirado en una cita de Oscar Wilde: «Es mejor apuntar a la luna; así, si fallas, aterrizarás en una nube». Durante su primera temporada en el club, el fenómeno del AS Bondy volvió rápidamente a la realidad. La gran vida quedaría para más tarde. Kylian se aloja en la misma casa que sus compañeros. Se instaló bajo los soportales del estadio Louis-II, donde se pusieron a disposición de los jóvenes reclutados, la mayoría de ellos procedentes de Marsella o París, una veintena de habitaciones. Todas

las mañanas sube a un minibús con destino a La Turbie, una pequeña ciudad francesa situada a unos diez kilómetros del principado,
para pasar el día en el centro de formación. Las primeras horas se
dedican a estudiar, y los cursos del segundo año se imparten *in situ*.
A media tarde, llega el momento de entrenar en un magnífico campo sintético con vistas al mar Mediterráneo. Es allí, bajo las órdenes
de Bruno Irles, antiguo defensa del AS Mónaco entre 1994 y 2001, y
en compañía de una veintena de jugadores nacidos en 1997 y 1998,
donde descubre el nivel nacional sub-17.

«Desde las primeras sesiones y, sobre todo, durante la concentración de principio de temporada en Autrans, en las montañas de Ver-
cors, vi en él grandes cualidades —explica Bruno Irles, que se hizo
cargo de la categoría en 2013 tras haber sido durante dos años suplente de Frédéric Barilaro al frente de la academia—. Desde el principio, mostró un potencial ofensivo muy interesante en su juego de
pies y en su facilidad técnica con el balón. También noté rápidamente que tenía carencias a la hora de defender, una faceta en la que no
estaba nada comprometido. Pero aún no tenía 15 años y contaba con
que esa temporada le ayudaría a progresar. Pensé que tenía tiempo,
era su primer año en el campeonato de Francia sub-17 y quería
incorporarlo gradualmente, como a los demás jugadores nacidos
en 1998».

Durante su debut en el campeonato nacional sub-17, Kylian no
fue a menudo titular. Incluso jugó de forma intermitente y tuvo que
conformarse con algunos fragmentos de partidos. Por primera vez,
tuvo que enfrentarse a la competencia de jugadores mayores que ya
tenían un año de experiencia a este nivel. También tiene que lidiar
con las decisiones y comentarios de su entrenador, que sigue señalando su falta de compromiso defensivo. El 8 de septiembre de 2013,
Bruno Irles decidió enviar a su joven pupilo con la sección amateur
para reforzar el equipo que juega en el campeonato sub-17 de la
división de honor. Aquello sería el origen de un primer conflicto.

«Me pareció una buena idea, porque le daría tiempo de juego y le permitiría jugar un fútbol menos técnico, pero más físico. Me equivoqué, salió muy mal —explica Bruno Irles, que detalló el incidente con un informe—. Se menciona que, durante el partido, él hizo un gesto con la mano hacia su entrenador, que le pidió que se defendiera. Su reacción fue en resumidas cuentas: "¡Déjame en paz!". Y lo más sorprendente es que a la semana siguiente no lo llamaron a él, sino a mí. Frédéric Barilaro y Souleymane Camara habían recibido una llamada telefónica de sus padres que no entendían por qué había enviado a su hijo a la primera división. En consecuencia, me pidieron que no volviera a hacerlo jugar en esa categoría, cuando prácticamente todos los jugadores iban a la sub-17DH para hacerse más duros.»

«Es cierto que se lo prohibieron, pero no hay que olvidar que Kylian ya había jugado en la sub-17DH la temporada anterior con el Bondy. Así que no había el menor interés en que volviera a esa categoría», confirma el antiguo responsable de contratación del Mónaco, Souleymane Camara, que posteriormente se alejó del mundo del fútbol para incorporarse a la federación francesa de tiro al plato.

Aunque el entorno del jugador impuso su criterio, estaba muy preocupado por la forma en que se habían desarrollado sus primeros meses en el AS Mónaco: «En Bondy nos preguntábamos qué estaba pasando y sentíamos que podía salir mal», dice el exentrenador Fanfan Suner. Irles pidió a Kylian que defendiera, pero, en Barcelona, ¿le piden a Messi que lo haga? Por supuesto que tiene que volver a su posición, pero no se puede utilizar a los jugadores de forma antinatural y pedirle a un delantero que defienda como un loco».

Wilfried Mbappé sigue de cerca el caso. Se tomó un año sabático y dejó a Fayza y Ethan en la casa de Seine-Saint-Denis para instalarse cerca del centro de formación, en un piso de la cercana ciudad de Cap-d'Ail. Apenas falta a las sesiones de su hijo y en su condición de experimentado educador no aprecia mucho lo que ve en el centro de formación: «No le gustaban los métodos utilizados por Bruno Irles —dice una persona cercana a la familia—. Según él, se utilizaban palabras violentas en el campo. Al parecer, los más débiles lloraban por la noche. Kylian aguantó, aunque a veces se derrumbara. Afortunadamente, contaba con el apoyo de sus allegados y con una familia fuerte que no le fallaba y pedía explicaciones constantemente».

En diciembre se organizó una segunda reunión, esta vez en presencia de los padres, en el centro de formación de La Turbie. El malestar no se calmó, sino todo lo contrario, y Bruno Irles fue convocado para explicarse: «En primer lugar, me reprocharon la falta de tiempo de juego de Kylian; contesté que me habían prohibido jugar con él en los amateurs y que por el momento no tenía la mentalidad para ser titular en el equipo sub-17. También me dijeron que por mi culpa el chico era infeliz; esto no era cierto. Kylian vivía bastante bien en el grupo, aunque lógicamente se decepcionó cuando no le llamé. Por último, me hablaron de la dureza en el entrenamiento; repliqué que un entrenador debe ser capaz de empujar a veces a un jugador cuando no aplica las instrucciones o no se esfuerza por sus compañeros. Este fue el caso de Kylian y, como no me dejaban enviarlo con los aficionados, tuve que buscar otras formas de pincharle. Así que sí, a veces hacía comentarios como: "¡Deja de hacerte la estrella!". O: "¡Aquí no estás en el Real Madrid, así que mueve el culo!". Mi única inflexibilidad era mantener mi criterio y poner a Kylian en igualdad de condiciones con los demás jugadores».

Aquel encuentro no mejoró las cosas y el tira y afloja entre la familia del jugador y el entrenador del grupo sub-17 iba a continuar durante toda la segunda mitad de la temporada. «En esa situación, podemos ver la complejidad de la profesión de formador —cuenta Marc Westerloppe, que se trasladó del centro de formación del RC Lens al París Saint-Germain en el verano de 2013—. Un formador es como un padre. Tiene que ser capaz de gritar a su jugador, pero también saber animarlo y abrazarlo. Por supuesto, había que sacudir a Kylian de vez en cuando y decirle: "Oye, el de futbolista es un trabajo de verdad. ¡No te vas a quedar dormido así!". Pero tampoco hay que olvidar que su talento ya era reconocido en toda Francia y, sobre todo, que aún era muy joven. Todavía necesitaba una conexión emocional, sentir calor, y tal vez eso es lo que le faltaba».

«Es obvio que Irles, que al mismo tiempo estaba en conflicto con Barilaro, no supo conquistar al jugador —confirma Reda Hammache—. Pero tampoco es cuestión de tirarle piedras. Todos los entrenadores han tenido problemas con algún jugador en algún momento. Desgraciadamente para Irles, se trataba de Mbappé, el jugador más mediático del momento».

La relación se deterioró definitivamente en la primavera de 2014, durante el torneo de Montaigu disputado en el oeste de Francia, cerca de Nantes. El 21 de abril, durante el último partido de la competición contra el Girondins de Burdeos, Kylian tuvo, según Irles, una mala reacción: «Mientras yo hacía un comentario sobre su suplencia, se permitió un gesto con el brazo como diciendo: "¡Que te jodan!". Lo saqué del campo inmediatamente, sin la menor explicación. Ese fue su último partido oficial, no volvió a jugar conmigo». Según algunas fuentes, Irles y el tío del jugador, Pierre Mbappé, (casi) llegaron a las manos: «No quiero entrar en detalles, pero esta vez ha ido demasiado lejos. Así que me dirigí a la dirección para explicar mi decisión de excluirlo de mi grupo».

Es fácil imaginar el desconcierto del club, atrapado en el fuego cruzado: no desautorizar a su entrenador y, al mismo tiempo, mantener la confianza del clan Mbappé, que, según algunos, está decidido a irse a otra parte si no se encuentra una solución rápidamente. El director de formación del club, Frederic Barilaro, contará con el apoyo del nuevo asesor deportivo del club, el portugués Luis Campos, para poner fin al conflicto. Al parecer, los dos hombres sabrán encontrar las palabras adecuadas y tranquilizar a los allegados del jugador después de aquella rocambolesca temporada. Después de entrenar en solitario durante una semana con el entrenador asistente Sylvain Legwinski, Kylian terminará la temporada con el grupo sub-19 dirigido por Barilaro.

Unas semanas más tarde, tal y como estaba previsto, Bruno Irles dejó el AS Mónaco para preparar su diploma de entrenador profesional, que le llevaría a Arles-Avignon, y después a Moldavia, al Sheriff Tiraspol. Deja su club de toda la vida con algunos remordimientos, «los de no haber podido mejorar los puntos débiles de Kylian, aunque este año le habrá ayudado a ser más fuerte mentalmente». Kylian terminó su primera temporada en el campeonato francés sub-17 con 1.175 minutos sobre el terreno de juego, es decir, la mitad del tiempo de juego posible. Irles también encontró algunas estadísticas en sus notas de aquella época: 5 goles marcados, incluido un doblete contra el Nîmes, 3 asistencias y... 2 errores no forzados que costaron un gol. «Sí, tomo nota de lo que es bueno, pero también de lo que es malo; ¡lo que haya sucedido ha sucedido!».

7

MÁS FUERTE QUE THIERRY HENRY

M ónaco es la última referencia. En cuanto un delantero mesti-
zo o de origen antillano empieza a marcar goles en el equipo
juvenil, ya se le anuncia como el nuevo Thierry Henry. Pero la comparación suele detenerse ahí, porque es muy difícil competir con el
exinternacional francés que jugó en el principado entre 1993 y 1999.
Marcó 42 goles en su primera temporada en el club en el campeonato francés sub-17 y llegó a establecer varios récords de precocidad:
primero en su debut profesional a los 17 años y 14 días, y luego en
su primer gol en la Ligue 1, marcado el 29 de abril de 1995 contra
Lens, a los 17 años, 8 meses y 12 días.

De Thierry Henry, Kylian ha oído hablar desde que era un niño:
en los campos de Bondy, los espectadores situados en la banda lo
veían muy a menudo como al nuevo «Titi» cuando se lanzaba, con el
balón en los pies, en largas cabalgadas. Cuando llegó al INF Clairefontaine en2011, Gérard Prêcheur, el seleccionador, también se apresuró a señalar: «A los 13 años, ya combinaban velocidad y técnica, lo
que es raro. Con Thierry Henry, lo que predominaba eran sus cualidades físicas, mientras que con Kylian lo que destacaba era su capacidad para el regate». «Es cierto que tienen mucho en común, sus
orígenes y su historia, pero para mí ahí se acaba», dice Bruno Irles,

que antes de entrenar a Mbappé, jugó junto a Thierry Henry en el Mónaco y en la selección francesa sub-21. «No hay nada peyorativo en eso, pero Thierry era un gran trabajador. A pesar de que tuvo una gran carrera, que incluyó etapas en la Juventus, el Barcelona, los Red Bulls de Nueva York y, sobre todo, el Arsenal FC, siempre tuvo que trabajar duro y desafiarse a sí mismo constantemente. Kylian, en absoluto. Es puro talento».

El prodigio de Île-de-France tardó una temporada en hacer realidad sus ambiciones y las expectativas de los preparadores monegascos. Tras un comienzo difícil con Bruno Irles, el segundo año le fue mucho mejor: «Asimiló el funcionamiento del centro de formación y se integró plenamente en la plantilla —explica Souleymane Camara, antiguo jefe de contratación—. Con un equipo de entrenadores más afines a su mentalidad, pudo liberarse y recuperar muy rápidamente su confianza. Y cuando Kylian es feliz, a menudo se producen cosas excepcionales».

Como prueba de ello, en la primera jornada del campeonato francés sub-17, el exjugador del Bondy marcó dos goles en la victoria por 6-2 sobre su vecino el OGC Niza. Durante aquella primera mitad de la temporada 2014-2015, cuando ni siquiera tenía 16 años, Kylian jugó en varias ocasiones con el grupo sub-19 de Frédéric Barilaro: «Se sintió decisivo y quizás más valorado», informa uno de sus excompañeros. Quizás el trabajo de la temporada anterior también había dado sus frutos.

A finales de diciembre, Kylian ya había anotado ocho goles en el Campeonato de Francia sub-17 y había marcado dos veces con la selección sub-19 en sendos viajes a Furiani (Córcega) y a Lyon (2-2). También tuvo un notable debut en la Youth League —la Liga de Campeones sub-19— con una asistencia de gol en los últimos minutos de la derrota por 3-1 ante el Zenit de San Petersburgo ruso. En la segunda mitad de la temporada, apenas abandonó el equipo de Frédéric Barilaro y marcó seis goles más, entre ellos un doblete contra el AC Ajaccio: «Hemos hecho una gran temporada, terminando como el mejor ataque del grupo», afirma el delantero centro Irvin Cardona. Había mucha competencia, pero, a pesar de ser el más joven, Kylian era una auténtica maravilla.

Y sus compañeros aún no han visto nada: la temporada 2015-2016 será la de todos los récords... Durante su visita veraniega al Mediterráneo, a un amigo de la familia le costó reconocer al pequeño animador de Bondy: «Se había vuelto tranquilo, maduro y serio. Su voz había empezado a cambiar. Ya no era un niño, había dado un paso adelante». El 3 de octubre, después de sólo siete partidos en el campeonato sub-19, Kylian ya había marcado 10 goles y dado dos asistencias, logrando marcar dos veces en los cuatro primeros partidos contra Toulouse, Arles-Avignon, Bastia y Gazélec Ajaccio: «Me enteré de sus actuaciones y fui al partido del Mónaco en Clermont-Ferrand, en Auvernia. Y allí vi a un chico completamente transformado», cuenta Marc Westerloppe, que entonces llevaba más de dos años trabajando en el departamento de contratación del PSG. Estaba preparado para el nivel superior. Había crecido y sus músculos empezaban a desarrollarse. Sentíamos que algo iba a pasar en cuanto ganara unos cuantos kilos. A mediados de octubre, el joven de 16 años debutó con el equipo de reserva en el campeonato de la CFA, la cuarta división francesa. Para empezar, jugó unos minutos contra el US Colomiers y, quince días más tarde, fue titular por primera vez contra el Hyères, para acabar marcando dos goles seguidos contra Pau y Mont-de-Marsan a mediados de noviembre, con el añadido de una asistencia de gol.

«Empezamos a darnos cuenta del fenómeno en esa época, al ver su nombre destacado en los marcadores cada fin de semana —explica el periodista Fabien Pigalle, de la oficina del *Monaco Matin*—. También hay que tener en cuenta que en ese momento el ataque monegasco no funcionaba demasiado bien y buscaba caras nuevas. Unas semanas después de ser mencionado por primera vez en un artículo, apareció en un entrenamiento con los profesionales». En el espacio de tres meses y medio, el chico de la allée des Lilas pasó del grupo sub-19 al grupo de la Ligue 1. A mediados de noviembre, en pleno parón internacional, Mbappé aprovechó la ausencia de muchos jugadores veteranos que estaban lesionados o se habían marchado a la selección para incorporarse al grupo dirigido por Leonardo Jardim. Ya no se iría.

«Al principio de la sesión, los jugadores me preguntaron si estaba a prueba —contaba el adolescente unos meses después—. Cuando les dije que tenía 16 años, se quedaron un poco sorprendidos. Se pensaban que tenía tres más. El entrenador también me preguntó si era nuevo. Le dije que había estado allí durante tres años. Al final de la sesión de formación, me dijo que volviera al día siguiente y me pidió el teléfono de mi padre».

Jardim ha caído bajo el hechizo del nuevo fenómeno del centro de formación. Estaba decidido a lanzarlo a lo grande lo antes posible. El 29 de noviembre de 2015, Kylian fue convocado por primera vez con la plantilla profesional para el viaje a Marsella. Tres días después, el 2 de diciembre, fue la gran noche: Kylian fue titular por primera vez en la Ligue 1 contra el Stade Malherbe de Caen, al entrar como sustituto de última hora del defensa portugués Fábio Coentrão. Con la camiseta número 33, hizo su aparición en el campo del Louis-II en el minuto 88. Kylian no cambió el curso del partido, que se saldó con un decepcionante empate a uno, pero sí cambió el curso de la historia: con 16 años, 11 meses y 12 días, se convirtió en el jugador más joven del club en debutar como profesional y le arrebató a Thierry Henry un récord por primera vez: «Evidentemente, causó una gran impresión —confirma el periodista del blog Fastfoot Damien Chédeville—. Acababa de hacerlo mejor que Thierry Henry, que había sido la máxima referencia en el club durante muchos años. Y Kylian siguió ocho días después con su primera asistencia en su debut en la Europa League contra el

Tottenham». La carrera por los récords no ha terminado: el 20 de febrero de 2016, en su novena aparición como profesional, Kylian encontró por primera vez el fondo de la red al marcar el 3-1 contra el Troyes en el tiempo de descuento: diez minutos después de entrar, aprovechó una buena recuperación de Hélder Costa, un balón suelto del centrocampista portugués para aparecer en la frontal del área y realizar un disparo raso con la izquierda que sorprendió al portero. Tardó unos segundos en darse cuenta de que todo era real. El tiempo que se tarda en mirar a la tribuna oficial, donde incluso el clan Mbappé no puede creer lo que ven sus ojos. A sus 17 años y 2 meses, Kylian acaba de dar un gran golpe. Se convirtió en el goleador más joven de la historia del AS Mónaco en categoría profesional. Thierry Henry vuelve a quedar relegado a un segundo plano.

«Kylian siempre ha necesitado desafíos. Desde que era un niño, siempre ha tenido objetivos en mente y ha hecho todo lo posible por alcanzarlos lo antes posible —confirma un pariente—. El primer gol profesional fue una prueba más de ello. Además, llegó en el momento oportuno, ya que la familia estaba en plena negociación con los directivos del AS Mónaco».

De hecho, el contrato de prácticas de tres años firmado en 2013 con el AS Mónaco expirará a finales de junio y, a falta de cuatro meses, el club aún no se ha «asegurado» a su jugador haciendo oficial su primer contrato profesional. El tiempo se agota para el club del principado, que vuelve a tener competencia de los grandes de Europa: «Ya en octubre y con sus actuaciones en la categoría sub-19, varios clubes empezaron a posicionarse, intuyendo la oportunidad de recuperar al jugador sin el menor coste de traspaso —afirma el ojeador de un club francés—. El progreso de Kylian no ayudó. El Mónaco se vio atrapado y atacado por todos lados».

El Real Madrid, el Bayern de Múnich, el Borussia Dortmund, el Olympique de Lyon y el París Saint-Germain son los clubes que habían sido mencionados por la prensa desde finales de 2015: «Después de verlo en Clermont-Ferrand, advertí a la dirección del PSG de la oportunidad que podía surgir», confirma Marc Westerloppe. Se celebraron varias reuniones en París entre la familia del jugador y el director deportivo de la época, Olivier Létang, que ya planeaba un proyecto deportivo de cinco años. Al mismo tiempo, varios clubes ingleses entraron en liza: el Chelsea y el Manchester United presentaron sus argumentos, al igual que el Liverpool, pero fue el Arsenal, antiguo club de Thierry Henry, el que mostró más interés. Los ojeadores de los gunners habían sido vistos en el principado en varias ocasiones y el emblemático entrenador francés Arsène Wenger incluso viajó a la región parisina para intentar convencer a la familia.

Ante todos estos pretendientes, el AS Mónaco no se queda de brazos cruzados. Entre bastidores, el club busca una solución de recambio, lo que podría llevarle, en caso de un golpe grave, a contratar a Ousmane Dembélé, del Rennes, que se resiste a firmar un primer contrato profesional con su club de formación. Pero el ASM no abandona la lucha y aumenta el número de reuniones con Wilfried y Fayza. El director deportivo Claude Makelele y el presidente Vadim Vasilyev revisaron repetidamente al alza sus propuestas financieras y, según Nice Matin, la prima de fichaje pasó de 1 millón a 1,6 millones de euros en pocas semanas. Pero lo que interesa sobre todo al clan Mbappé son las garantías deportivas y el futuro tiempo de juego de Kylian en el primer equipo: «Por eso, a pesar de las propuestas económicas más elevadas, el PSG y el Arsenal no consiguieron fichar al jugador porque esos clubes no podían quizás asegurar a Kylian un puesto en el equipo titular», afirma un periodista cercano al caso.

Así es como el primer gol profesional marcado contra el Troyes a mediados de febrero pudo haber cambiado el curso de las cosas. Después de tomarse un tiempo para integrar al delantero en ciernes en sus entrenamientos, Leonardo Jardim se convenció definitivamente del potencial del jugador aquella tarde y decidió reservarle un puesto en su plantilla. Como prueba, el 28 de febrero, en el estadio de la Beaujoire de Nantes, Jardim dio a Kylian su primera titularidad en la Ligue 1 al situarlo en la derecha de un cuarteto ofensivo formado además por João Moutinho, Diego Carrillo y Thomas Lemar. De paso, el técnico portugués no olvidó deslizar esta pequeña frase al recién llegado: «Dame dos años de tu carrera, verás en qué jugador te convertirás».

A esta mayor atención del personal del AS Mónaco le siguió, unos días después, la intervención decisiva del asesor deportivo del club, Luis Campos: «Me encontré con su madre en el entrenamiento unos minutos después de haber recibido el acuerdo de Vadim Vasilyev para ocuparme del asunto —declaró a *L'Équipe* en 2017—. Era como una señal divina. Estuve cuarenta minutos con ella y le expliqué las ventajas y desventajas de irse ya a un club grande. En el PSG o el Arsenal, llegaría a un vestuario formado por grandes personajes y grandes egos y nadie le dirigiría la palabra. Los jugadores dirían: "¿Quién es este chico?". No, había que esperar un poco para el día en que empujara la puerta del vestuario de un gran club y los demás jugadores le dijeran: "Bienvenido Kylian, nos encantas y eres un gran refuerzo"».

El 6 de marzo de 2016, el AS Mónaco hizo oficial la firma del primer contrato profesional de Kylian Mbappé. En el comunicado publicado en la página web oficial del club, el vicepresidente Vadim Vasilyev se felicitaba de este resultado favorable: «Si bien Kylian era pretendido por clubes muy importantes, este acuerdo es una prueba más del atractivo de nuestro proyecto, en el que los jóvenes talentos pueden encontrar perfectamente su lugar. También destaca el trabajo realizado en la Academia. Estoy convencido de que, con mucho trabajo, podrá convertirse en un jugador de gran talento». El AS Mónaco ha hecho lo necesario para retener a su jugador, pero también ha hecho un gran esfuerzo financiero: al contrato profesional de tres años se añade una prima de fichaje de 3 millones de euros para el jugador y un salario inicial de 85.000 euros, que se incrementará a 100.000 euros y luego a 120.000 euros en las dos temporadas siguientes. Un voto de confianza que Kylian honrará con creces ya durante los últimos meses de la temporada.

8

¡APROBADO MERECIDO!

El camarógrafo de AS Monaco TV está atento para recoger las primeras impresiones de Kylian. Pero no estamos a la salida de los vestuarios del estadio Louis-II, sino en los pasillos de un centro de exámenes de educación nacional, donde el delantero francés acaba de terminar la primera prueba del bachillerato de 2016. Con una mochila negra a la espalda y un sencillo jersey, la nueva perla monegasca parece un adolescente normal. Sin embargo, frente a la cámara, ya se siente muy cómodo para ser un estudiante de secundaria de 17 años y está completamente relajado cuando se le pide que comente el tema en el que acaba de trabajar durante más de tres horas. La filosofía no es la asignatura con mayor peso en la rama de Ciencias y Tecnologías del Management y la Gestión (STMG), pero Kylian no la eludió: «Elegí el tema 2: "¿Podemos justificar nuestras creencias?". Tiene algo que ver con el fútbol y es de lo que más sé», le dice al periodista con una gran sonrisa.

«¿Podemos hacer realidad nuestros sueños?», habría sido probablemente un título más apropiado a la vista de los acontecimientos que se precipitan en la vida del chico de Bondy al final de la temporada 2015-2016…

Tres semanas antes, Kylian ganó el grial para todo jugador nacido en un centro de formación. Junto con sus amigos de las genera-
ciones de 1997 y 1998, ganó la Copa Gambardella en una final por
todo lo alto el sábado 21 de mayo en el Stade de France de Saint-
Denis, un suburbio de París. Tras su año de locura y su increíble
progreso, Kylian se libró lógicamente de las primeras rondas de esa
Copa de Francia sub-19. Mientras sus amigos vencían trabajosamen-
te al Rodez, al Clermont-Ferrand, al Metz y al Caen, él continuaba
su aprendizaje al más alto nivel, celebrando su segunda titularidad
en la Ligue 1 en marzo, con una bonita victoria por 2-0 sobre el PSG
en el Parque de los Príncipes, para sellar, el 10 de abril en Lille, su
decimocuarta participación como profesional con una segunda asistencia decisiva.

«Cuando se unió a nosotros para disputar las semifinales, supi-
mos que sería una gran incorporación —dice su buen amigo del
centro de entrenamiento, Irvin Cardona, un jugador con un elegante corte de pelo rubio—. A pesar de los pasos adelante que había ido
dando, seguíamos estando muy unidos. Nos llamábamos todo el
tiempo. También conocíamos su mentalidad, aunque ahora hubiera
adquirido un nuevo estatus tras jugar diez partidos como profesional, sabíamos que lo daría todo por sus compañeros.»

El 23 de abril, en Libourne, en el suroeste de Francia, donde se
celebran las semifinales de la competición, el AS Monaco derrotó
como era de esperar al Stade Brestois. Sin embargo, la victoria tardó
en concretarse, y a Kylian le costó inicialmente encontrar el equilibrio
en sus desmarques y sus movimientos. No es de extrañar porque, para
su reencuentro con el fútbol juvenil, llegaba sin ninguna sesión pre-
paratoria con sus compañeros: «La víspera, todavía se había entrenado con los profesionales antes de saber que iría por la tarde con el
grupo de Gambardella», recuerda Fabien Pigalle, que ha seguido de
cerca la evolución de los sub-19 para el diario *Monaco Matin*. Su
presencia en Libourne no es, obviamente, una buena noticia para los

Brestois: «Mis jugadores le temían mucho, aunque no nos centramos en él en la preparación de nuestro partido —admite el entrenador rival, Eric Assadourian—. Durante el partido, estuvo por encima del resto y nos dio muchos problemas. Estábamos jugando contra una futura estrella».

Justo antes del descanso, Kylian aprovechó una de sus primeras oportunidades para abrir el marcador con un precioso disparo cruzado. Su compañero de ataque, Irvin Cardona, marcó el segundo gol del partido a la hora de juego, lo que colocó al AS Mónaco en la final de la competición.

«¡Aquí estamos en el Stade de France! Soy de París, así que significa mucho para mí jugar allí. He visto los partidos de la selección francesa allí, las finales de Gambardella —dijo la estrella de la generación de 1998 tras el pitido final—. Ahora nos queda un partido por jugar y, como se dice, una final no se juega, se gana.»

Y, un mes después, Kylian demuestra que estas declaraciones no eran sólo palabras vacías. Será el artífice número uno del cuarto título de su club en la Copa Gambardella.

Contra el Racing Club de Lens, se mostró intratable durante los 90 minutos jugados como preliminar de la final de la Copa de Francia entre el París Saint-Germain y el Olympique de Marsella: «Hemos tenido la oportunidad de ver a muchos jugadores de talento en la final de la Gambardella… Pero los Benzema o Ben Arfa nunca destacaron de esta manera —afirma un miembro de la Federación Francesa—. A esa edad, los grandes jugadores son muy esperados y, en la final, suelen mostrarse inhibidos por lo que hay en juego. No Mbappé. ¡Ya estaba en otro planeta!».

Antes del partido, se tomó la libertad de reprender con calma y tacto al veterano periodista Daniel Lauclair, al que se le pidió que le entrevistara justo antes de que los dos equipos saltaran al campo en el Stade de France: «Fue un momento raro de la televisión —asegura Damien Chédeville, autor del blog Fastfoot, con un toque de humor—.

El periodista de France Télévisions, que está curtido en mil batallas, mete la pata por completo al confundir a Kylian con el capitán del Racing Club de Lens, Taylor Moore. Esto habría molestado a más de un jugador joven, pero Mbappé corrigió los errores del periodista sin pestañear y siguió con una respuesta clara y precisa. Esta cómica situación demuestra su fuerza mental y su inteligencia. Ya era fuerte para su edad».

También en el terreno de juego, Kylian había dejado de ser un juvenil. Con la camiseta blanca y roja del AS Mónaco, parece disfrutar en un Stade de France. Los jugadores del Lens no sabían cómo detenerlo. En el minuto 29, Kylian aprovechó un resbalón de su marcador por la banda izquierda para lanzarse al campo contrario, dejar clavado al defensa central y filtrar con delicadeza, entre dos jugadores, un pase a su amigo Irvin Cardona, que culminó la acción con un magnífico zurdazo. «Es cierto que Kylian y yo siempre nos hemos encontrado con facilidad —reconoce el primer goleador de aquella final, que pasó la temporada 2017-2018 cedido en el Círculo Brujas de la primera división belga—. No sé si volveré a jugar con Kylian, pero probablemente es con quien mejor me llevo en el campo».

En la segunda parte, Irvin Cardona tuvo un asiento en primera fila para presenciar el primer doblete del número 10 sobre el césped del Stade de France: en el minuto 47, Kylian aprovechó un taconazo de Cardona y un pase de Guevin Tormin para aumentar la ventaja con su pie derecho, con compostura y precisión. Para acabar la final, en el minuto 92, no necesitó a nadie para superar a cuatro jugadores del Lens que ya estaban resignados a su suerte y marcar el tercer y último gol del partido con un fuerte disparo al primer palo.

Tras levantar la copa y recoger su medalla, Kylian expresó su felicidad: «No se puede comparar mi alegría con la de mi primer gol en la Ligue 1. Son dos cosas maravillosas. Con aquel gol, no estaba ayudando a los compañeros a ganar una copa… Estaba ayudando a mis amigos».

La Copa se celebró en París aquella misma noche: «Kylian ya tenía un estatus especial en esa generación —dice una persona cercana al equipo—. No era tratado como un príncipe, pero tenía algunos privilegios. Se fue a casa después del partido con sus padres y se unió al grupo un poco más tarde, durante una comida en un restaurante que también era un club nocturno. La mayoría de ellos apenas habían salido y eran muy tímidos, pero Kylian tenía verdadera confianza en sí mismo, especialmente cuando se acercaba a las chicas. Al igual que en el terreno de juego, se notaba en él una soltura y una confianza naturales».

Para casi toda esta generación de oro del AS Mónaco, esa velada representa el punto culminante de la temporada y anuncia unas merecidas vacaciones. Para todos ellos, excepto para… Kylian, que nunca hace nada como los demás.

La increíble segunda mitad de la temporada 2015-2016 también estuvo marcada por el fin de un desencuentro que duró casi tres años con la Federación Francesa de Fútbol: ningún partido oficial con la selección francesa sub-16 en 2013, solo dos apariciones con la camiseta tricolor sub-17 en septiembre de 2014 contra Ucrania, y luego casi nada hasta una convocatoria en enero de 2016 para la Copa del Atlántico en España, que finalmente Kylian no pudo cumplir por una rara lesión (torsión testicular). ¿Cómo pudo prescindir el seleccionador de Francia, Jean-Claude Giuntini, de los servicios de la mayor esperanza de su generación, para luego calificarlo de «errático»? Si el seleccionador nacional se niega a dar explicaciones sobre el asunto, otros como Gérard Prêcheur tienen algunas respuestas:

«Giuntini, como otros antes que él, se sintió minusvalorado por el carácter de Kylian: Jean-Claude Lafargue en el INF Clairefontaine, y luego Bruno Irles en Mónaco, también interpretaron su confianza y su manera de ser como una muestra de petulancia. Pero para llegar al máximo nivel hay que tener esa confianza en uno mismo. Miremos a Zlatan Ibrahimović y a Cristiano Ronaldo…».

«Durante mi año con Kylian, en 2013, tuve a Giuntini al teléfono para informar sobre un curso de preselección en el equipo francés. Al parecer, la cosa no fue lo bastante bien como para retomarlo —confirma Bruno Irles—. También debemos recordar el contexto y el trauma del Mundial de Fútbol de 2010 en Sudáfrica. Tras el escándalo de Knysna, los preparadores hicieron autocrítica y dijeron que el talento no lo era todo y que había que tener en cuenta el aspecto colectivo y el comportamiento del jugador.»

Por ello, Kylian no será convocado para la Eurocopa sub-17 ganada en 2015 por los franceses, tras la victoria por 4-1 ante Alemania en Bulgaria. Odsonne Edouard es elegido como atacante y el delantero del París Saint-Germain marcará ocho goles durante la competición, incluido un triplete en la final. «Habría sido una ventaja tenerlo con nosotros. Aunque había muy buenos jugadores en la delantera, nos sorprendió no verle seleccionado —admite el capitán de la generación de 1998, Timothé Cognat—. Por ello, nos sorprendió mucho la noticia de que lo habían subido a la selección francesa sub-19».

Kylian, que era persona *non grata* en la generación de 1998 de Jean-Claude Giuntini, encontrará finalmente su salvación internacional con los jugadores nacidos en 1997. En busca de un talento ofensivo ante la ausencia de Ousmane Dembélé, el entrenador de la selección francesa sub-19, Ludovic Batelli, hizo caso omiso de los rumores y lo convocó en marzo de 2016, para la última fase de clasificación para el Campeonato de Europa. La idea resultó ser brillante. Kylian fue rápidamente integrado en el grupo por sus mayores y enseguida se hizo indispensable en el campo. Tras su primera titularidad contra Montenegro el 24 de marzo, fue decisivo en los dos últimos partidos de la fase de clasificación: fue el que abrió el marcador en un córner en la victoria por 4-0 contra Dinamarca el 26 de marzo. Marcó el único gol tres días después contra Serbia, en un tercer partido decisivo que envió a los Bleuets a la fase final:

«Aunque tiene casi dos años menos que algunos de los jugadores, Kylian ha demostrado una madurez increíble —explica Ludovic Batelli—. No fue adoptado como un joven que llega a la banqueta, sino como un gran jugador y uno más del vestuario». Unas declaraciones confirmadas por el capitán de la generación de 1997, Lucas Tousart: «A pesar de su corta edad, comprendió enseguida nuestra forma de trabajar. Su integración fue muy rápida y enseguida comprendimos que podía hacernos mucho bien en los siguientes partidos».

Entre el 12 y el 24 de julio de 2016, Kylian hizo las delicias de los tricolores durante la Eurocopa sub-19 de Alemania: «Le vimos probar algunas jugadas increíbles, como derribar a un rival con una simple finta con el cuerpo o sacarse un sombrero tras un centro. Estuvo fantástico durante todo el torneo —explica el periodista de *Fastfoot* Damien Chédeville—. Fue decisivo en la fase de grupos con un espléndido gol contra Croacia, y luego un doblete en el partido decisivo contra Holanda, que Francia ganó 5-1». Kylian también estuvo en la semifinal de Manheim el 21 de julio, donde llevó a la selección francesa en volandas en un encuentro clave contra Portugal. Tras el tempranero gol de Pacheco, asistió a Ludovic Blas para el empate con un potente zurdazo. En la segunda parte, puso a los Bleuets en ventaja con otro doblete, en los minutos 67 y 75: «Durante el partido, demostró una vez más a los que dudaban que su progresión no tenía límite», afirma el periodista de *Monaco Matin* Fabien Pigalle. El 24 de julio, Francia se proclamó campeona de Europa sub-19 al vencer a Italia por 4-0. Kylian no marcó, dejando ese privilegio a Issa Diop, Lucas Tousart, Ludovic Blas y Jean-Kévin Augustin, que al mismo tiempo se llevó el trofeo de mejor goleador del torneo.

No importaba. La temporada 2015-2016 ya había sido bastante generosa con él. Récords de precocidad, primer contrato profesional, Copa Gambardella y campeonato de Europa: ¡todo fueron éxitos para él! Bueno, casi... Kylian tendrá que esperar hasta septiembre para aprobar su bachillerato en el STMG al superar los 19 puntos que le faltaban. Muestra de que ni siquiera él puede aprobarlo todo a la primera.

9

LA DECLARACIÓN

Kylian Mbappé, 25 de abril de 2016: «Estoy muy bien en el Mónaco. Tengo un entrenador, Jardim, que me está enseñando muchas cosas. Estoy rodeado de grandes jugadores que me acompañan, que me guían, que me hacen crecer. Para un jugador joven como yo, es el paraíso».

Wilfried Mbappé, 13 de octubre de 2016: «Sin ser pretencioso, no entendemos la gestión incomprensible de Kylian tomando en cuenta las promesas de la dirección que eran simplemente jugar, entrar en una rotación. De lo contrario, no se habría quedado. Aunque tuviera una gran Eurocopa, no esperábamos que se convirtiera en titular, ¡no somos tontos! Pero no imaginábamos que sería el sexto delantero. Si iba a ser así, también podíamos irnos a un club muy grande directamente».

¿Qué ha pasado para que el clan Mbappé revise radicalmente su comunicación en pocos meses y para que Wilfried decida cuestionar públicamente la utilización de su hijo dentro del equipo al inicio de la temporada 2016-2017? Tal vez los vientos en contra hayan empezado a soplar en las costas del Mediterráneo…

La gran aventura con la selección francesa sub-19 ha invadido evidentemente sus vacaciones. Pero, para Kylian, a finales de julio de

2016, lo único que importa es volver cuanto antes al grupo profesional, que tiene que jugar dos eliminatorias en pleno verano para aspirar a participar en la próxima Liga de Campeones.

«Después de la victoria sobre Italia, todo el mundo le dijo que saliera a celebrarlo con sus compañeros, pero él sólo tenía una cosa en mente: volver al hotel para recuperarse y empezar la nueva temporada lo antes posible», explica una persona cercana al equipo francés.

El AS Mónaco incluso tuvo que frenar su entusiasmo obligándole a tomarse una semana de descanso tras la final de la Eurocopa contra Italia.

Tras reanudar los entrenamientos el 30 de julio y perderse los dos partidos contra el Fenerbahçe turco que metieron al ASM en la eliminatoria de la Liga de Campeones, Kylian es titular en el arranque de la nueva temporada de la Ligue 1, el viernes 12 de agosto en el estadio Louis-II, contra el En Avant de Guingamp. También tiene muchas posibilidades de jugar: ante la ausencia de Falcao, el brasileño Vágner Love y el francés Valère Germain, Kylian es el titular en la punta del ataque junto al argentino Diego Carrillo. Parece una gran tarde de verano para su primera aparición oficial con el número 29, elegido en honor al cumpleaños de su hermano pequeño Ethan (29 de diciembre de 2006)… ¡Va a resultar una pesadilla!

En la primera parte, el Guingamp castigó a la defensa monegasca en dos ocasiones. Pero Kylian estaba luchando en la delantera. Lucha y no se rinde, como en el caso del balón que va a disputar con el defensa Christophe Kerbrat en el minuto 40. Un duelo aéreo que se convierte en un choque frontal. Kylian es noqueado, aparentemente también golpeado en la mandíbula. No regresó al campo, lo sustituyó Bernardo Silva, y fue trasladado inmediatamente al hospital. El diagnóstico llegó por la noche: tenía una conmoción cerebral. Tuvo que descansar entre tres semanas y un mes.

«Obviamente, fue un golpe para su temporada —contó alguien cercano a él—. Kylian esperaba realmente aprovechar su gran momento. Pero ahora se había quedado fuera de combate y, sabiendo cuánto le apasionan el juego y la competición, las semanas que siguieron fueron largas y difíciles de vivir.»

La ausencia del nuevo prodigio no se notaba necesariamente en el terreno de juego. Tras empatar finalmente con el Guingamp (2-2), el equipo del principado hizo estragos en el campeonato francés en las tres siguientes jornadas: victoria por 1-0 en Nantes, por 4-1 en Lille y, como premio, un prestigioso triunfo por 3-1 en casa ante el París Saint-Germain, el gran favorito del campeonato francés con su delantera impresionante: Di María, Cavani y Lucas. También en la Liga de Campeones, el tercer clasificado de la última Ligue 1 se mostró fuerte y alcanzó la fase de grupos tras una doble victoria sobre el Villarreal español.

Kylian volvió por fin a los terrenos de juego el 10 de septiembre, durante un partido del campeonato de la CFA con el equipo de reserva: el protocolo habitual para un joven jugador que ha estado privado de competición durante casi un mes. Un regreso a sus raíces junto a sus compañeros de Gambardella, puntuado por una victoria de 5-1 sobre el ES Paulhan Pezenas y un pase decisivo mediante un taconazo sutil. Kylian jugó poco más de una hora y ya se imagina incorporándose al equipo profesional la semana siguiente, cuando el AS Mónaco se enfrente al Tottenham en la Liga de Campeones.

«Parecía un paso lógico después de su buen recorrido de prueba con el equipo de reserva, pero tres días después se iba a llevar una decepción», contó un periodista. Como es habitual, la lista de jugadores seleccionados se dio a conocer al final de la última sesión de entrenamiento en La Turbie. Para ese viaje tan esperado a White Hart Lane, Leonardo Jardim convocó a un grupo ampliado de 21 jugadores. Y para sorpresa de los allegados a Kylian, su nombre no aparecía en la delantera, que incluía a Radamel Falcao, Guido

Carrillo y los dos jóvenes franceses Valère Germain y Corentin Jean: «Se lo tomó muy mal —confirmó un amigo de la familia—. Evidentemente, fue una gran decepción no ir a Londres para empezar la Liga de Campeones». Según algunas fuentes, Kylian rompió a llorar cuando le comunicaron que no jugaría, y luego desapareció durante varias horas. La píldora es difícil de tragar porque la decepción se mezcla con la incomprensión. ¿Cómo es posible que el entrenador haya preferido a Corentin Jean, un delantero que fue cedido al Troyes la temporada anterior y que apenas ha sido utilizado desde entonces?

«Es cierto que esa elección puede parecer muy sorprendente vista desde hoy —confirmó un seguidor del club—, Podemos preguntarnos por los verdaderos motivos de Jardim. ¿Fue una decisión puramente deportiva para proteger a un jugador que volvía de una lesión? ¿O fue una forma de que el entrenador portugués recuperara el control después de haber sufrido el ritmo dictado por la familia durante las negociaciones del primer contrato profesional la temporada anterior? Sólo Jardim tiene la respuesta, pero lo que es seguro es que está acostumbrado a hacerlo: dos años antes, había castigado a Anthony Martial durante un partido en Nantes, sacándolo del terreno de juego unos minutos después de haberlo puesto a jugar».

En cualquier caso, la situación no mejoró durante las semanas siguientes: aunque volvió a ser convocado para el campeonato de la Ligue 1 francesa, no jugó ni un minuto contra el Rennes, el Niza y el Angers. El exjugador del Bondy permaneció pacientemente en el banquillo, esperando una señal de su entrenador, que nunca llegó. El 27 de septiembre apareció un primer rayo en el cielo gris de su temporada: por fin volvió a la competición en la 2ª jornada de la Liga de Campeones. Trece minutos contra el Bayer Leverkusen, seguidos cuatro días después por ocho minutos contra el FC Metz en la Ligue 1. Aunque no tuvo tiempo de adelantarse a los alemanes, Kylian aprovechó su regreso a la liga francesa para dar una asistencia a Gabriel

Boschilia. 21 minutos de juego en septiembre, que se suman a los 41 minutos jugados en agosto. Incluso teniendo en cuenta su indisponibilidad, el tiempo de juego de Kylian es muy escaso tras dos meses de competición. La situación se ha prolongado demasiado para el clan Mbappé, que aprovecha la tregua internacional para hacer llegar su mensaje. El 13 de octubre de 2016, Wilfried dejó estallar su descontento en una entrevista al diario *L'Équipe,* en la que denunció abiertamente su escaso tiempo de juego y amenazó claramente con irse a otro sitio: «Esta situación no hace feliz a Kylian, y se le nota en la cara durante la semana. Sé que esto molesta al club, pero no le impide trabajar duro. Tiene un carácter ambicioso, pero juzguémosle por lo que realmente es: un competidor. Algunos dirán que sólo tiene 17 años, que tiene que calmarse, pero eso no es impaciencia, porque el propio club había dicho que iba a jugar. A su edad lo necesita, así que habrá que pensar en el mercado de invierno».

Una vez más, el clan Mbappé se enfrenta frontalmente a la dirección del AS Mónaco, decidido a hacer valer el derecho del jugador a respetar los compromisos adquiridos por el club: «No es de extrañar que el padre se sienta obligado a intervenir —prosigue el periodista—, la familia siempre ha dado la cara y nunca se ha echado atrás cuando se trata de decir cosas para proteger a Kylian. Esta declaración no fue necesariamente bien recibida en el club. A los directivos no les gusta que la gente de su entorno haga ruido y, en el vestuario, a los treintañeros no suele gustarles que el padre de un jugador joven vaya a decirle a su entrenador lo que tiene que hacer. Pero no les importó porque eran conscientes del talento de Kylian en los entrenamientos y de que el joven tenía un lugar en la alineación titular».

Además, si la plantilla del Mónaco tarda en confiar en su estrella en ciernes, otros clubes europeos están dispuestos a abrirle la puerta de su vestuario de par en par. En agosto, el FC Barcelona hizo averiguaciones y el Manchester City presentó una oferta de 40 millones de euros por el campeón europeo sub-19. Pep Guardiola intentó el fichaje, pero el ASM no cedió a la tentación de obtener un gran beneficio. En octubre de 2016, el Leipzig alemán también intentó aprovechar la situación para llevarse al jugador a través de su director deportivo, Ralf Rangnick: «Había establecido una muy buena relación con su padre. La confianza era mutua y estábamos en la misma onda. En aquel momento, me dijo que si le garantizaba que sería el próximo entrenador del club me confiaría a su hijo, porque tenía confianza en mí», explicó poco después el técnico alemán.

Pero el Leipzig, al igual que el Barcelona o los Citizens, no conseguirá robarle la gran esperanza francesa al club monegasco. Veinticuatro horas después de la aparición del artículo en *L'Équipe,* Kylian retomó su (triste) rutina de principio de temporada. Jardim lo convocó para el viaje a Toulouse en la 9ª jornada de la Ligue 1, y vio desde el banquillo cómo su equipo perdía por 3-1. Ante la ausencia de Falcao, el dúo Carrillo-Germain fue el preferido por el técnico portugués. Esta vez, Kylian ni siquiera es llamado para ayudar al final del partido. Parece un castigo. Esta hipótesis parece confirmarse al día siguiente, cuando el joven delantero es llamado a reforzar el equipo de reserva para un largo viaje a Le Pontet, en el campeonato de la CFA. No es exactamente un regalo. Pero, como para ilustrar las palabras de su padre, Kylian dio su mejor demostración sobre el terreno de juego: en 90 minutos de juego, ¡marcó dos goles en la victoria por 3-1 de los jóvenes monegascos!

10

LOUIS-II, 21 DE OCTUBRE DE 2016

He aquí una imagen que lo dice todo: Kylian, camiseta roja y blanca de manga corta a la espalda, ambos brazos levantados y los dedos índices apuntando al cielo. Su cabeza está impecablemente afeitada, sus ojos negros miran fijamente a las gradas… Su rostro es tranquilo. El antiguo hombre de Bondy ya no tiene que pedir perdón por existir. Sin duda, ya ha comprendido que el viernes 21 de octubre de 2016 iba a cambiar el curso de su joven carrera. En 90 minutos, acaba de demostrar el increíble alcance de su talento. El alcance de sus posibilidades ya parecen infinitas…

«Kylian tiene esa particularidad de estar siempre ahí —explica Fanfan Suner, su entrenador en Bondy—. Desde que era un niño, ha estado ahí en el momento adecuado y eso no ha cambiado como profesional». Es algo bueno porque, tras las recientes declaraciones de su padre, está en el punto de mira. No tiene ninguna intención de meter la pata y era muy consciente de lo que había en juego cuando le informan de su segunda titularidad en el campeonato de Francia, unas horas antes del inicio del partido de la décima jornada de la Ligue 1 contra el Montpellier.

«Leonardo Jardim consideró que era el momento oportuno para volver a darle su oportunidad —cuenta una fuente del AS Mónaco—.

El técnico había valorado su actitud con el equipo reserva el fin de semana anterior y también su debut tres días antes en Moscú, que coincidió con el empate a uno con el CSKA en la Liga de Campeones. La lista de partidos se estaba llenando y Jardim necesitaba encontrar alternativas en el ataque. Era una oportunidad para ver lo que tenía dentro.»

Así, el número 29, de apenas 18 años, saltó al campo del Stade Louis-II para ocupar su posición en la delantera del equipo junto a su capitán colombiano: Radamel Falcao.

«Estábamos ansiosos por ver qué pasaba —recuerda Yannick, simpatizante del grupo independiente Ultras Mónaco 1994—. Llevábamos mucho tiempo oyendo hablar de él y, dadas sus actuaciones al final de la temporada anterior, no entendíamos por qué no tenía su oportunidad más a menudo. Así que cuando nos enteramos de que iba a ser titular, hubo mucha expectación. Lo estuve observando durante todo el partido y no me decepcionó».

En el minuto 11, Kylian dio la voz de alarma tras el primer gol del Montpellier. A grandes zancadas, se lanzó a cabalgar por el lado izquierdo. Finaliza su carrera con un centro al primer palo para la cabeza de Bernardo Silva... El balón se marchó fuera por poco. Kylian no vio recompensado su esfuerzo, pero fue el tipo de acción que da confianza e ideas para lo que viene. En el minuto 20 volvió a irse, pero su volea fue salvada en el último momento. En el minuto 35 volvió a marcar la diferencia y su rival directo se vio obligado a cometer una falta en el lado izquierdo del área. ¡Penalti! Radamel Falcao sorprende al portero del Montpellier y empata el marcador.

El festival no había hecho más que empezar: a los cuatro minutos de la segunda parte, el internacional francés sub-19 apareció en el segundo palo, de nuevo más rápido que su marcador, para colocar un cabezazo imparable junto al poste derecho: «He luchado durante su entrenamiento para que usara más la cabeza. Es su punto débil, a menudo lo perseguí por eso. Contra el Montpellier, fue el movimiento perfecto. Es la marca de los grandes», comentó su entrenador de la Academia, Frédéric Barilaro. En la última media hora de partido, Kylian asistió dos goles más: en el minuto 74, dio a Valère Germain la pelota del 4-2 con un centro impecable y, dos minutos después, entregó otro balón desde su lado izquierdo, esta vez a Thomas Lemar: «Al final del partido, por supuesto, fue la comidilla. Participó directamente en cuatro de los goles de nuestro equipo. Su actuación casi ensombreció el 6-2 que acabábamos de propinar al Montpellier», recuerda con entusiasmo Yannick, fiel miembro del equipo rojiblanco.

En los pasillos del Louis-II, su actuación fue analizada por todos los periodistas: a algunos les gustó la variedad de sus desmarques, a otros su juego colectivo. Leonardo Jardim también fue invitado a comentar el partido de su joven delantero: «¿Mbappé? Es un jugador joven de calidad, estoy contento con él. El Montpellier es un equipo ideal para su perfil, con espacio; es perfecto para sus características. Todavía tiene que trabajar, pero nuestro proyecto es llevar a los jóvenes al siguiente nivel». ¿Y qué piensa el protagonista? Evidentemente, cuando se encienden los micrófonos y las cámaras a la salida del vestuario, Kylian muestra una sonrisa acorde con su satisfacción: «El entrenador me ha dado mi oportunidad y creo que he sabido aprovecharla. Soy feliz. Cuando no juego, siempre es frustrante porque soy competitivo. Pero también estoy en un gran equipo con grandes jugadores. Estoy aquí para aprender y escucho mucho los consejos de otros jugadores».

Kylian ofrece a los medios de comunicación un examen claro y preciso de su juego y de su delicada situación desde el comienzo de su primera temporada profesional. Los medios de comunicación descubren la otra cara del jugador, es decir, un futuro monstruo mediático con una voz inigualable y una capacidad de análisis desconcertante para un joven de 17 años:

«Llevaba más de un año trabajando con él, así que estaba acostumbrado, pero es cierto que muchos colegas se quedaron boquiabiertos esa noche por la madurez de su discurso —explica Fabien Pigalle—. Obviamente, cuando eres tan bueno en el campo como en la entrevista, eso juega doblemente a tu favor».

Con una puntuación de 8/10, el reportero del *Monaco Matin* hizo de Kylian su hombre del partido, por delante de Bernardo Silva y Thomas Lemar: «En este partido, fue puro talento. Brilló en cuanto se situó en su lado favorito, en la banda izquierda. A partir de entonces, trajo el peligro con cada aceleración». Dos días después, el mismo diario incluso dedicó una página completa al joven delantero bajo el título: «Mbappé, un jugador apasionante».

Al final del artículo, se plantean dos preguntas a su antiguo entrenador, Frédéric Barilaro: ¿Hasta dónde puede llegar? ¿Cuál es su mejor posición? «No sabemos qué nivel alcanzará, pero se siente más cómodo en la banda izquierda, donde puede hacer de todo: centrar, disparar, regatear. Puede usar los dos pies y su juego es más sólido que cuando empezó. Las cualidades de Kylian son desconcertantes, especialmente en el manejo del balón».

Esta actuación también terminó de convencer a los jugadores del AS Mónaco. Por supuesto, sus compañeros de equipo han tenido la oportunidad, desde hace casi un año, de medir las cualidades técnicas del chico en los entrenamientos, pero aquel festival contra el Montpellier también demostró que el joven era mentalmente fuerte y estaba decidido a aprovechar la menor oportunidad para hacerse un hueco en la línea de ataque: «Sabemos que se ha comido el marrón desde el principio de la temporada —declaró tras el partido Valère Germain, que luego se marchó al Marsella—. Esperamos que este sea el comienzo de una larga racha para él. Aportará una buena competencia en la delantera y hará subir al equipo».

Evidentemente, aún es demasiado pronto para que salieran todas las cartas, pero es indudable que Kylian ha sumado puntos y ha ascendido en la jerarquía de los delanteros del club: «Su capacidad de respuesta en este momento clave de su carrera no es especialmente sorprendente cuando se conoce un poco al chico —analiza un familiar—. No sólo tiene talento, sino también una increíble confianza en sí mismo. ¿Cuántos jugadores se habrían paralizado por la presión y el miedo a no estar a la altura de sus pretensiones expresadas públicamente? La mayoría, sin duda, pero él no. Nunca duda. Por eso es de los grandes. Tiene el talento, la ambición y el fuego en su interior que no deja de alimentar».

A aquella hermosa velada del 21 de octubre de 2016 le seguirá un fin de año redondo. Aquella actuación dio alas a Kylian, que ahora está volando en cada aparición suya. Después de Montpellier, fue titular en cuatro ocasiones más en la liga francesa antes del parón navideño, marcando un gol contra el Bastia y dando dos asistencias. Cada vez que Jardim lo hacía jugar en el transcurso de un partido, se volvía decisivo, como el 5 de noviembre contra el Nancy, cuando encontró un resquicio en su primer balón antes de darle a Diego Carrillo una asistencia, en otra jugada de gran clase, el gol del 6-0 al final del partido: «Es cierto que cada vez que entraba, pasaba algo —dice Yannick, el fiel de la grada—. A pesar de la competencia en el ataque, lo estaba haciendo bien y se estaba convirtiendo en uno de los jugadores favoritos de la afición». Su popularidad siguió aumentando. El 14 de diciembre, en el primer partido de su club en la Copa de la Liga, ofreció una actuación espectacular contra el Stade Rennais en octavos de final: marcó su primer gol en el minuto 11, acelerando por la izquierda antes de abrir perfectamente su pie derecho. En el minuto 20, prolongó un centro desviado de Nabil Dirar al segundo palo, y en el minuto 62, marcó un último gol al convertir un pase de João Moutinho por la izquierda. Tres goles en poco más de una hora de juego establecieron un nuevo récord: con sólo 17 años, 11 meses y 24 días, Kylian se convirtió en el jugador más joven en marcar un triplete con el Mónaco.

«Había marcado muchas veces dos goles, pero nunca un triplete», dijo al final del partido. Unos días después, añadió en un reportaje de televisión francesa: «En el fútbol siempre hay que enviar mensajes, y es cierto que en la Copa de la Liga he enviado un mensaje fuerte. Cada mañana me levanto para ser mejor que ayer, para ganar títulos, porque así es como se pasa a la historia. Y como quiero hacer historia, quiero ganar títulos con el AS Mónaco.

En el último partido del año, el 21 de diciembre de 2016, Kylian ya firmó su quinto pase decisivo en el campeonato francés en la victoria por 2-1 contra el Caen. Una bonita manera de honrar su 18 cumpleaños, que celebró la víspera, pero sobre todo de confirmar su deseo de desempeñar un papel importante en la segunda mitad de la temporada para el AS Mónaco.

11

INTERNACIONAL

James Robson es reportero del Manchester Evening News desde hace más de diez años. Sigue a los Citizens desde la llegada de Pep Guardiola. Diego Torres es un reputado periodista del diario *El País*. Matthias Dersch escribe en el bisemanal alemán *Kicker* y es un habitual del Signal Iduna Park en Dortmund. Guido Vaciago es redactor jefe de *Tuttosport* y acompaña a la Juventus de Turín por toda Italia y Europa. Estos cuatro periodistas se cruzaron con Kylian durante la segunda mitad de la temporada 2016-2017 y fueron testigos de su florecimiento en la escena internacional.

El martes 21 de febrero, el AS Mónaco viaja al Etihad Stadium para enfrentarse en octavos de final al Manchester City, uno de los favoritos de la Liga de Campeones: «Cuando hicimos el sorteo, pensamos que era un buen negocio porque, entre los líderes de grupo, el Mónaco era probablemente el equipo más asequible sobre el papel —explica James Robson—. Conocíamos algo a la plantilla, pero, para ser sincero, no a Mbappé. En una rueda de prensa, Kevin De Bruyne llegó a admitir que nunca había oído hablar de él. Personalmente, si me hubiera cruzado con él por la calle, no le habría reconocido. No había jugado mucho en la primera parte de la competición, pero cuando empecé a ver su temporada, me di cuenta de que estaba en buena forma».

Después de algunas buenas actuaciones a finales de diciembre, Kylian mantuvo el ritmo a principios de año. Marcó un gol y dio dos asistencias en sus dos salidas en la Copa de Francia contra el AC Ajaccio y el FC Chambly. Además, empezó febrero con fuerza, marcando de nuevo contra el Montpellier en su regreso a la liga francesa y luego marcando un triplete en la victoria por 5-0 contra el FC Metz. Por ello, Leonardo Jardim le dio su primera titularidad en la Liga de Campeones en la ida de los octavos de final, en una alineación muy ofensiva en la que tuvo que secundar a Radamel Falcao en la posición de delantero centro: «Los periodistas ingleses no esperaban necesariamente verle de titular, pero en el palco de prensa nos impresionó rápidamente».

El delantero francés puso en aprietos a los defensores de los Citizens en la primera parte. Nicolás Otamendi y John Stones quedaron desconcertados por sus regates y abrumados por cada una de sus carreras. Un desmarque perfecto y un remate fulgurante de Kylian en el minuto 41 dieron a su equipo una ventaja de 2-1 en la Liga de Campeones justo antes del descanso: «El Manchester City acabó ganando 5-3, pero eso no desvaloriza la actuación de Mbappé. Aquella noche quedó claro por qué, el verano anterior, Pep Guardiola había puesto 40 millones de euros sobre la mesa para intentar hacerse con un jugador totalmente desconocido en Inglaterra».

El entrenador catalán tenía un don para el juego. Sus impresiones se confirmaron en el partido de vuelta de los octavos de final en el Stade Louis-II quince días después. El Mónaco necesitaba una hazaña para remontar su desventaja de dos goles y Kylian puso a su equipo en la mejor posición posible al abrir el marcador en el minuto 8 con un fuerte centro delante de Bernardo Silva: «Ya había hecho historia en el partido de ida al convertirse en el segundo jugador francés más joven en marcar en la Liga de Campeones [por detrás de Karim Benzema], y lo volvió a hacer en ese partido crucial. Toda la prensa inglesa ya hablaba de él como el nuevo Thierry Henry». En el minuto 29, Kylian influyó en el segundo gol del Mónaco: aunque esta vez no fue ni el autor ni el pasador, inició un contragolpe a gran velocidad que terminó con el pie ganador de Fabinho. El Mónaco se clasificó para los cuartos de final tras derrotar al Manchester City por 3-1: «Por supuesto, no eliminó él solo a los Citizens, pero para mí fue el mejor jugador en ambos partidos», concluyó Robson. Y como las buenas noticias nunca vienen solas, al día siguiente de la victoria sobre los Sky Blues, Kylian recibió su primera convocatoria con la selección absoluta francesa. Ni siquiera tuvo que seguir el camino de los sub-21, sino que fue elegido directamente por el seleccionador francés, Didier Deschamps, para dos importantes partidos programados para finales de marzo, uno de clasificación para el Mundial de 2018 en Luxemburgo y un prestigioso amistoso en el Stade de France contra España. Diego Torres, redactor del diario *El País,* descubrió a través de las redes sociales los primeros pasos de Kylian en la selección: su llegada al centro de entrenamiento de Clairefontaine en el coche de su madre, Fayza, o la novatada que le hicieron en la primera comida. «Sus actuaciones contra el Manchester City tuvieron eco en España —dice el periodista, que ha seguido también al Real Madrid—. Algunos expertos dijeron que inventaba cosas como sólo Maradona había hecho antes. Todos coincidieron en que hacía casi treinta años que no veían a un joven con tanto talento».

Tras hacer honor a su primera convocatoria el 25 de marzo, sustituyendo a Dimitri Payet en el minuto 78 durante la victoria por 3-1 en Luxemburgo, Kylian fue titular tres días después en el Stade de France contra España. Ese partido de gala parece claramente un bautismo de fuego internacional. El partido contra los campeones del mundo de 2010 era atractivo, y Kylian tuvo la oportunidad de actuar casi en casa, delante de su familia y sus amigos. El resultado no estuvo a la altura de sus expectativas: «Francia sólo intentó defenderse planteando un partido que no favorecía a los jugadores de talento y, lógicamente, perdió 2-0 ante la Roja. Pero, en el naufragio colectivo, Mbappé fue el único que salió airoso durante los 60 minutos que estuvo en el campo. Cada vez que tocaba el balón, pasaba algo. Confirmó lo que dije sobre él en un artículo titulado «La gacela y la pantera». En mi opinión, era el delantero moderno perfecto porque era probablemente el único que combinaba, incluso en sus orígenes, la técnica de Zidane y Benzema con la agilidad y la velocidad de Thierry Henry y Samuel Eto'o. Fue una comparación atrevida, pero luego vimos que realmente estábamos ante un jugador extraordinario».

Kylian, que marcó dos goles contra el Manchester City y que se encuentra en la cima de su carrera con Francia, sigue aumentando su irresistible ascenso en los cuartos de final de la Liga de Campeones. Esa vez le tocó a Alemania caer bajo el hechizo del prodigio francés. Contra el Borussia Dortmund de su amigo Ousmane Dembélé, dio un recital el 12 de abril de 2017, durante el partido de ida disputado en el campo del Signal Iduna Park. Ante el «muro amarillo» —el apodo dado a la imponente grada del Borussia— marcó un gol en cada tiempo para que el Mónaco ganara por 3-2. Un primer doblete europeo que pasó desapercibido por un trágico suceso: la víspera, cuando el equipo del Borussia salía del hotel hacia el estadio, un atentado con bomba dejó dos heridos leves, entre ellos el jugador español Marc Bartra, que sufrió una fractura de muñeca. Un hincha del club, un germano-ruso de treinta y pocos años, detonó tres cargas al paso del autobús de los jugadores: «Aquella noche estuvo a punto de ser un desastre —cuenta con emoción el periodista de *Kicker* Matthias Dersch—. El partido se aplazó hasta el día siguiente, pero los jugadores, al igual que los aficionados y los periodistas, seguían completamente distraídos. Estuvimos cerca de una tragedia nacional».

Tras el partido, Kylian rendirá homenaje a sus rivales: «Obviamente, estamos muy contentos de haber dado un golpe, pero sobre todo estamos muy afectados por lo ocurrido. Después de la explosión, llamé enseguida a Ousmane Dembélé y le dije que estábamos todos con él, con Bartra y con todos los jugadores del Dortmund».

Estas palabras serán especialmente apreciadas por los aficionados del Borussia y contribuirán a aumentar su popularidad. El público alemán acaba de conocer a un joven de 18 años con una madurez sorprendente y un talento sin límites.

«No nos fijamos mucho en ese momento, pero cuando volvimos a ver el partido un poco más tarde, nos dimos cuenta de lo bien que lo hizo —asegura Matthias Dersch—. Hizo de todo en ese primer partido: consiguió un penalti [fallado por Fabinho], tanteó mucho la suerte y encontró la red dos veces. En el primer gol, en el que marcó con la rodilla, estaba en fuera de juego, pero en el segundo, lo que hizo fue fantástico. Recogió el balón, burló a los defensores y ganó su mano a mano con Bürki con una confianza increíble. A pesar de su juventud, nunca se asustó y se tomó el tiempo necesario para colocarse en la mejor posición para batir al portero con un magnífico derechazo bajo el larguero. Ese gol es la marca de los más grandes».

Para celebrar el doblete, Kylian se deslizó por el césped y ejecutó por primera vez un gesto que dará la vuelta al mundo. Le descubrimos seguro de sí mismo, con los brazos cruzados sobre el pecho y la cabeza alta. La postura será a partir de ese momento la firma de sus hazañas: «Con mi hermano pequeño, todo empezó de la nada, de jugar con la PlayStation. Marcó un gol y lo celebró así. Cinco minutos después, se paró y me dijo: "Kylian, ¿tú podrías hacer eso en un partido?". Le dije: "¿Quieres que lo haga? Vale, lo haré". En Dortmund lo hice. Él estaba contento. Le dije: "Ahora te la robo [la postura], es mía"», explicó Kylian a beIN Sports.

Y una semana más tarde, la historia fue la misma en el partido de vuelta de los cuartos de final. A los tres minutos de juego en el

Louis-II, el nuevo fenómeno francés ya estaba atento para convertir en gol un potente disparo de Benjamin Mendy, mal controlado por Bürki. El exjugador del Bondy abrió el marcador y luego remató su celebración con los brazos cruzados sobre el pecho y la mirada fija en su rostro. El Mónaco acabó ganando por 3-1 gracias a otros dos goles de Falcao y Valère Germain.

Aquella primera gran gira europea finalizará a principios de mayo en Turín. Kylian no verá el Millennium Stadium de Cardiff, donde el Real Madrid de su ídolo Cristiano Ronaldo se coronará campeón de la Liga de Campeones por duodécima vez en su historia el 3 de junio. «Después de todo lo que se había dicho y leído sobre él, los italianos estaban ansiosos por verlo en acción», cuenta el periodista de *Tuttosport* Guido Vaciago. La oportunidad llegó el 3 de mayo de 2017. Cuando Kylian saltó al campo, estaba acompañado por su hermano menor Ethan, que había sido designado «mascota» para el partido de ida de la semifinal disputado en el principado. Firmó unas cuantas acciones: un cabezazo ligeramente suave en el minuto 13, y luego un rebote plano despejado por Buffon en el minuto 16. Eso es todo. Kylian guardó silencio esa vez, a diferencia de Gonzalo Higuaín, que marcó dos goles: «En el partido de ida, sentí que Mbappé estaba un poco cohibido por lo que estaba en juego, sin duda impresionado por enfrentarse a aquel equipo de la Juve que acababa de eliminar al FC Barcelona. Pero en la vuelta, encontramos al hombre que tanto daño hizo al Manchester City y al Dortmund. Se soltó el pelo completamente…».

Tras la derrota por 2-0 ante su afición, el AS Mónaco tiene poco que perder: «Cierto que la Juve se impuso, pero esta vez los jugadores de Jardim causaron enormes problemas a los bianconeri. Mbappé puso el 2-1 en el marcador con un remate en el primer palo, justo delante de Buffon. Pero lo que más recuerdo es que era el delantero que más problemas causó a nuestra defensa durante toda la competición.

Barzagli, reconocido en la Serie A y en Europa por su velocidad, sufrió como nunca».

El derechazo que engañó a Gianluigi Buffon en el minuto 69, sería su sexto y último gol en la Champions League 2016-2017. En el momento del pitido final, Kylian se mostró obviamente decepcionado al ver pasar aquella primera final europea.

«Nos vamos con la eliminación, pero con la cabeza alta —declaró Kylian en los pasillos del Allianz Stadium—. Tuvimos una buena racha, empezamos en las rondas preliminares, fuimos capaces de ir avanzando aprovechando nuestros puntos fuertes, nuestro juego de ataque, pero también conseguimos salvar las dificultades y no tenemos nada que reprocharnos en esta competición europea. Codearse con los mejores es la mejor manera de progresar. Hoy hemos aprendido, he aprendido, y trataremos de volver la próxima temporada mejor armados».

A pocos metros, el periodista Guido Vaciago recoge las impresiones de los italianos: «Todos los jugadores y el personal estaban aliviados por esta clasificación, pero también admiraban la actuación de Mbappé. Recuerdo que me encontré con el director deportivo Giuseppe Marotta cerca del vestuario y bromeé con él: "Necesitamos comprar a Mbappé rápidamente…", y me contestó: "¿Mbappé? Podríamos haberlo conseguido por muy poco dinero hace unos años. Ahora es demasiado tarde, todos los grandes clubes van detrás de él. Ha adquirido una dimensión internacional"».

12

YA ES CAMPEÓN

La eliminación contra la Juventus fue en última instancia una bendición. Multiplicó las ambiciones monegascas:

«La carrera de la Liga de Campeones ha unido al grupo y ha permitido que Kylian explote —explica un exjugador que solía sentarse en las gradas del Louis-II—. A partir de entonces, sólo tenían un objetivo en mente: ganar el campeonato de Francia.»

Al entrar en la recta final de la temporada, el AS Mónaco se encuentra en una posición ideal en la clasificación, por delante del París Saint-Germain. Los jugadores de Jardim se aferran firmemente a su primer puesto en la Ligue 1, que recuperaron a mediados de enero tras una victoria por 4-1 en Marsella: «Kylian sólo jugó un minuto aquella noche, pero lo compensó rápidamente con un papel decisivo en las distintas competiciones», precisa ese exjugador del Mónaco. Tras su irrupción en la Liga de Campeones en Manchester, las actuaciones y los partidos de Kylian se encadenan:

El 25 de febrero, en Guingamp, logró un penalti a los pocos minutos de entrar en juego en la victoria por 2-1.

El 1 de marzo, en el Vélodrome, en los octavos de final de la Copa de Francia, marcó un gol y regaló otro a Benjamin Mendy para la victoria por 4-3 en la prórroga del Olympique de Marsella.

El 5 de marzo, marcó dos goles en casa contra el FC Nantes. Al día siguiente, el diario deportivo *L'Équipe* le dio su primera portada y le tituló «El mago»: «Se empezaba a hablar de él en todos los medios de comunicación —recuerda Fabien Pigalle—, de *Monaco Matin*. Todas sus actuaciones fueron analizadas y, entre sus adversarios, la curiosidad había dado paso al miedo».

Después de un nuevo gol que desequilibró el empate contra el Burdeos el 11 de marzo, Kylian puso en pie al estadio del Caen el fin de semana siguiente: «En el partido lo hizo todo: abrió el marcador rápidamente después de haberse desembarazado, con una facilidad desconcertante, de dos defensas y del portero rival, cobró un penalti después de explotar su velocidad, y marcó por segunda vez de cabeza un balón que le puso João Moutinho. Fue una actuación sobresaliente, que llegó justo después de su festival contra el Manchester City y del anuncio de su primera convocatoria con la selección francesa». En el minuto 88, el público del estadio Michel-d'Ornano se puso en pie y acompañó su salida del campo con aplausos: «¡Acaba de amargarle la vida al equipo local y, sin embargo, el público le ovaciona! Nunca había visto algo así, excepto en la televisión para las grandes estrellas del fútbol. A los 18 años, ya se ganaba el corazón de los aficionados rivales. Hay que decir que también tuvo una historia especial con el Caen, donde estuvo a punto de fichar a los 12 años».

Kylian se ha convertido en un jugador esencial en el esquema de Jardim y en uno de los favoritos del vestuario: «Sus goles han ayudado obviamente a su integración. Estaba muy unido a Bernard Mendy, que le apodó "Razmoket" en alusión a Rugrats, la serie infantil estadounidense de televisión que cuenta las aventuras de unos intrépidos bebés». En las redes sociales, Kylian muestra espontáneamente su alegría vital a través de algunas escenas divertidas de la vida del grupo: filma a Bernardo Silva en ropa interior en la cafetería, se divierte como un niño en la piscina del club con Thomas Lemar o improvisa como chef para Benjamin Mendy:

«Estuvo bien en aquel grupo profesional, al que aportó toda su frescura. Tampoco olvidó a sus amigos de la Academy y siguió durmiendo en el centro de formación de vez en cuando, cuando sus padres no estaban presentes en el piso de Cap-d'Ail. Esto evitó tentaciones —cuenta un antiguo compañero—. Como aún no tenía permiso de conducir, su madre le llevaba a entrenar en un viejo sedán que no era precisamente una limusina».

«Después de los partidos en casa, en cuanto estaba frente a la prensa, buscaba a Fayza y a Ethan para reunirse con ellos lo antes posible. Pudimos ver que estaba muy unido a su hermano pequeño y que lo mostraba a menudo en las redes sociales —asegura el periodista de Fastfoot Damien Chédeville—. Por otro lado, no era nada extravagante en su vestimenta, siempre en chándal, no lucía joyas ostentosas. Nunca lo vimos en los clubes nocturnos como otros jóvenes de su edad. No estaba interesado en eso. Era un hombre de familia y estaba centrado al 100% en sus objetivos.»

Kylian está centrado en terminar la temporada y en la primera gran cita prevista el 1 de abril de 2017 en Lyon, donde se trasladó por primera vez la final de la Copa de la Liga. Un cartel atractivo, que enfrenta a los dos mejores equipos franceses del momento, el AS Mónaco y el París Saint-Germain: «Los hombres de Unai Emery venían de una humillación en la Liga de Campeones contra el Barcelona [una derrota por 6-1 en el partido de vuelta de los octavos de final el 8 de marzo] y, como sentían que el campeonato francés se les escapaba, sólo tenían las copas nacionales para salvar su temporada. Así que ese partido era mucho más que una final de la Copa de la Liga. Era una oportunidad para recuperar la estima de sus seguidores y demostrar que el PSG seguía siendo el club número uno del país», explica un periodista. Las ganas y la determinación parisinas marcaron la diferencia y el AS Mónaco fue barrido en aquella tarde de primavera. Una derrota contundente por 4-1 ante Cavani y Di María, a pesar de un impresionante empate de Thomas Lemar a la media hora de juego. Como la mayoría de sus compañeros, Kylian estuvo ausente en su final.

«Es cierto que no lo vimos. Es raro que se ausentara así de un partido como ese», analiza alguien cercano al jugador. Hay que decir que el defensa central del PSG no le hizo ningún favor, como diría más tarde el portero Danijel Subašić al medio croata *24 sata*: «Thiago Silva le presionó desde el primer hasta el último minuto. Realmente lo defendió con fuerza. Se veía que iba a por él y que quería arruinar su confianza. Después del partido, en el vestuario, Mbappé estaba muy triste, estaba al borde de las lágrimas, muy afectado, y me dio pena verlo en ese estado. Le consolé y le dije que esas cosas eran normales porque había demostrado a todo el mundo lo fuerte que era y que esto continuaría así en el futuro».

Decepcionado por no poder añadir un primer título a su palmarés profesional, Kylian respondió como un campeón en las semanas siguientes: en abril, marcó dos goles contra el Lyon y el Toulouse en sendas victorias decisivas en la Liga francesa 1.

En mayo, no marcó contra el Nancy y el Lille, pero aun así destacó: un pase para Lemar en Lorena y dos acciones clave en el Louis-II, contra el Lille, incluyendo un nuevo destello ofensivo. En la primera parte, Kylian protagonizó una secuencia de clase mundial: lanzado en profundidad por la derecha, rodea a su defensor para hacerse con el balón, antes de bailar literalmente a su alrededor con una serie de fintas, pases y giros. La víctima no puede hacer nada ante tal velocidad y técnica. Y cuando ya se ha divertido lo suficiente, el número 29 deja a su rival para servir en bandeja a Bernardo Silva: «Aquel movimiento contra el Lille recuerda un poco a los regates del brasileño Ronaldo. R9, no CR7. Lo que hace en esa acción es sencillamente prodigioso», comenta un periodista de Mónaco. El 15 de mayo, el incidente de la final de la Copa de la Liga se olvidó definitivamente: Kylian fue elegido, como era de esperar, Mejor Jugador Revelación de la Ligue 1. En la tradicional ceremonia del fútbol francés, se impuso a su compañero de equipo Thomas Lemar, al parisino Adrien Rabiot y a Wylan Cyprien, del Niza: «Estoy muy contento de recibir este premio. Es muy halagador ver que el trabajo se ve recompensado y es un argumento más para seguir trabajando y llegar lo más alto posible», dijo el sucesor de Ousmane Dembélé en una entrevista realizada en un dúplex del principado. Kylian, al igual que el resto de sus compañeros, no pudo realizar el viaje a París para recibir su trofeo porque la temporada no había terminado. Dos días después, el AS Mónaco debe disputar un partido atrasado en el Louis-II, que será decisivo para la consecución del título.

Cuando el equipo de Jardim recibió al AS Saint-Étienne el 17 de mayo, sólo necesitaba un empate para conseguir su octavo título de la liga francesa. Los compañeros de Kylian no dejaron pasar la oportunidad y deleitaron al público, que por una vez acudió en masa. El exjugador del Bondy fue de nuevo el catalizador: en el minuto 19, Radamel Falcao lo lanzó hacia el gol a unos 30 metros de la portería. Su velocidad le permitió dejar atrás a sus dos perseguidores en cuestión de segundos y batir al portero del AS Saint-Étienne con una facilidad pasmosa. Hizo una finta para vencerlo, antes de empujar tranquilamente el balón a la portería vacía. Todo ello en una fracción de segundo. Puro arte. 1-0. Kylian acaba de marcar su vigesimosexto y último gol de una temporada en la que también dio 14 asistencias. Estadísticas dignas de los más grandes delanteros europeos y casi inéditas para un jugador de 18 años que apenas fue utilizado durante los primeros seis meses.

Un poco más tarde, los monegascos marcaron por segunda vez por medio de Valère Germain. Anecdótico, por supuesto. La historia recordará sobre todo las escenas de alegría que siguieron a los tres pitidos, poco antes de las once de la noche. Los nuevos campeones pusieron todo patas arriba en el campo, en el vestuario y en la sala de prensa. La alegría estuvo a la altura de la hazaña que puso fin a cuatro años de reinado indiscutible del París Saint-Germain sobre el fútbol francés: «Fue una locura —cuenta un periodista que fue enviado al principado para cubrir el partido—. La rueda de prensa de Jardim se vio interrumpida por la llegada de una docena de jugadores. Benjamin Mendy estaba encantado. Bailaban y cantaban como niños. Kylian estaba contento pero un poco distante. Fue casi el único que no se exhibió con su teléfono móvil. Te daba la impresión de que quería disfrutar del momento con calma, su alegría era más interna».

«Cada uno tiene su propia manera de celebrarlo. Quería ver el estadio. El club había organizado una fiesta excepcional, con fuegos artificiales. El estadio estaba lleno y no veía el sentido de hacer uso de mi teléfono», explicó en TF1. Kylian no creyó necesario salir de noche con sus compañeros para celebrar la victoria en una discoteca: «Esto nos dice un poco más sobre el personaje y su fuerza de carácter —afirma una persona cercana al club—. No se fue de juerga con sus compañeros, sino que, dos días después, estuvo en Seine-Saint-Denis con el vicepresidente Vadim Vasilyev para entregar el trofeo de campeón de Francia al pueblo de Bondy. Esto demuestra su apego a su ciudad natal y a su primer club, pero también la dimensión que había adquirido en este equipo del AS Mónaco. Ya no era la gran esperanza, se había convertido en la estrella del club. Como prueba, los dirigentes del club seguramente no habrían permitido que el defensa Andrea Raggi fuera a presentar el trofeo en Italia…».

13

EL CULEBRÓN DEL VERANO

«No lo sé en realidad. Con el vicepresidente, nos fijamos el objetivo de terminar bien la temporada y ganar el título. Dejamos todo de lado. Mi prioridad era ganar algo con mi club de formación. He puesto todos los ingredientes para conseguirlo. Todo lo que son rumores y fichajes lo he metido en un saco y ya veremos. ¿Cuándo volveré a abrir la bolsa? Después de la selección de Francia.»

Sólo cuatro días después de ganar el título de Francia, Kylian ya se enfrenta a la gran pregunta del verano: ¿dónde jugará la próxima temporada? Domingo 21 de mayo: invitado especial en el programa «Telefoot» en el césped del estadio Louis-II de París, y aplaza tomar una decisión a los días posteriores a los partidos de la primera quincena de junio, vistiendo la camiseta de la selección. Junto a él en el escenario, Vadim Vasilyev, vicepresidente del AS Mónaco, promete: «Haremos todo lo posible para retenerlo».

El príncipe Alberto II también espera que se quede en Mónaco: «Quiere quedarse. Y no creo que esté traicionando el secreto al decir que su padre también quiere que se quede. Siempre puede haber cambios de última hora —declaró el jefe de estado monegasco a Canal+—. Pero por ahora, seguirá en el AS Mónaco el año que viene». Declaraciones tranquilizadoras frente a un torbellino mediático de rumores y propuestas millonarias. No hay nada nuevo bajo el sol: desde los 14 años, Kylian ha despertado el interés de los grandes clubes europeos, pero ahora, desde el clic del Manchester City en la Liga de Campeones, son realmente muchos los que quieren ofrecer sumas astronómicas para adquirir al nuevo fenómeno del fútbol europeo. Florentino Pérez es uno de ellos. El presidente del Real Madrid, que vio a Kylian en acción en los octavos de final de la Liga de Campeones contra el City de Guardiola desde las gradas del Stadio Louis-II, ha decidido que sea el nuevo galáctico. Para llevarlo al estadio Santiago Bernabéu, no dudará en rascarse la cartera. Según el diario *Marca*, Mbappé ya le ha dado un «sí, quiero»: «Quiere jugar en el Madrid —escribe el diario deportivo en su edición del 5 de mayo—. Por ello, se lo ha hecho saber a los representantes, que se han puesto en contacto con su entorno familiar».

Se espera que la operación se cierre en 100 millones de euros. Pero el Real no es el único que pone dinero sobre la mesa. A principios de mayo, *The Guardian* informó de que el Manchester United había ofrecido 72 millones de libras (más de 80 millones de euros) por Mbappé. *The Guardian* añade que José Mourinho, el entrenador portugués de los Diablos Rojos, ha convertido al joven parisino en el objetivo número uno del mercado. Es una pena que el AS Mónaco, de nuevo según la prensa británica, haya rechazado la oferta, al igual que, según los periódicos franceses, descartará una oferta del Real Madrid de 130 millones de euros. Una montaña de dinero, una suma colosal que supera la cantidad pagada por el Manchester United por Paul Pogba a la Juventus en 2016 y los 100 millones que el Real Madrid pagó al Tottenham por Gareth Bale, en 2013. Pero el club del principado no necesita vender, o al menos eso afirman; es más, quieren mantener a su prodigio una temporada más, a la espera de que las ofertas sigan subiendo... Porque no sólo Florentino o el Special One están interesados en el «Principito». Mbappé también es seguido por la Juventus, el Manchester City, el Arsenal, el Liverpool y el PSG. Tomemos el ejemplo de la Juventus. Según Tuttosport, los directivos de los blanquinegros, que vencieron al Mónaco en la semifinal de la Liga de Campeones, se reunieron con los directivos del Mónaco para hablar del mercado y, en particular, del «nuevo Henry». Por ejemplo, el París Saint-Germain: Antero Henrique, exvicepresidente del FC Porto y recientemente nombrado director deportivo del PSG, se reunió con Wilfried en Bondy para presentarle el proyecto del club para su hijo. Según *L'Équipe,* también hubo una discusión entre Nasser Al-Khelaïfi, presidente del club parisino, y el clan Mbappé; un intercambio cordial que no llevó a nada. A esas alturas, Kylian parece decidido a quedarse en el Mónaco, tras redefinir los términos de su contrato que expira en 2019. En cualquier caso, tendrá que cumplir antes sus compromisos con los Bleus: empieza el 2 de junio, en Rennes, con un partido amistoso contra Paraguay. Tres días antes, en una rueda de prensa en Clairefontaine, Kylian se ve obligado, una vez más, a hablar de su futuro. «Al dejar el Mónaco, ¿corres el riesgo de jugar menos?», le preguntaron los periodistas. Esta es la respuesta de un chaval que está cansado de que le hagan una y otra vez las mismas preguntas, a las que siempre tiene que dar las mismas respuestas: «¿Por qué jugar menos? No tengo miedo de irme, pero tengo tiempo para pensarlo. Estoy centrado en la selección nacional ante todo, así que hay mucho tiempo para pensar en ello. Hay tres partidos importantes, haré un balance después de la selección».

Añadió que la opinión de Didier Deschamps sobre los fichajes es importante para él, «pero no es él quien guiará mi elección», aclaró. Y se le ve feliz hablando de Zidane: «El jugador me hizo soñar y todavía lo hace cuando veo ciertos vídeos. Después, el entrenador es algo totalmente distinto. Es un gran entrenador, que obtuvo resultados inmediatamente y que está progresando». Una declaración que algunos medios de comunicación franceses interpretaron como el fin de las negociaciones con el Real Madrid. El 2 de junio, Mbappé, levemente lesionado en un muslo, no apareció en el campo para jugar contra Paraguay: Didier Deschamps quería preservarlo para los demás partidos. Incluso le prohibió tocar el balón durante el calentamiento, pero el joven rebelde de Bondy hace caso omiso de sus instrucciones.

En el Roazhon Park, el campo de juego habitual del Stade Rennes, Francia se impuso a Paraguay por 5-0. Un gran calentamiento antes de enfrentarse a Suecia en un partido de clasificación para el Mundial de 2018. En Solna, el 9 de junio, los Bleus se quedaron a oscuras: en el minuto 94, un gol de Ola Toivonen, del Toulouse, tras un grosero error de Hugo Lloris, dio la victoria a los suecos por 2-1. Francia encajó su primera derrota y perdió el primer puesto del grupo A a manos de la selección amarilla y azul. ¿Kylian? Entró en el campo en el minuto 76, sustituyendo a un decepcionante Griezmann, y no tuvo la oportunidad de demostrar su talento.

El 13 de junio, Francia se enfrentará a Inglaterra en un primer partido amistoso: Francia no gana a los ingleses desde 2010. Un partido importante, después de la decepción contra los suecos; la cita es en el Stade de France. Por primera vez, Kylian Mbappé es titular, formando pareja con Olivier Giroud en el ataque. Antes del saque inicial, los hinchas ingleses y franceses cantaron *Don't Look Back in Anger* (No mires atrás con ira), que un policía entonó con una guitarra eléctrica en el centro del campo, en homenaje a las víctimas de los atentados terroristas de Manchester y Londres. Cuando el árbitro Davide Massa pitó el final del partido el marcador estaba 3-2 a favor del equipo francés. Mbappé, Ousmane Dembélé y Paul Pogba fueron elogiados por la prensa francesa y británica. Los periodistas son unánimes, basta con leer el comentario de *Le Figaro*: «Al igual que Dembélé, el jugador del Mónaco entusiasmó con el balón en cuanto tuvo posesión de él. Con él, olvida el gesto inútil. Todo está pensado para perjudicar al adversario; nunca de cara a la galería. Cada provocación es una fiesta para los ojos, un tormento para los defensores. Encontró el larguero en el minuto 71 y proporcionó un pase decisivo a Dembélé en el minuto 78. Tiene que ser desarrollar su instinto asesino, pero sobre todo, que no pierda su descaro. Este chico es una joya. Valoración: 7».

La prensa británica es aún más ditirámbica que los periódicos franceses, como demuestran el 8 de valoración y este comentario elogioso de la BBC: «Velocidad, astucia y regularidad. Puede entenderse por qué se asocia a este joven y emocionante jugador del Mónaco con un traspaso de mucho dinero. Dio muchos problemas a la zaga, pero se estrelló contra el larguero cuando la portería estaba vacía». Es difícil imaginar cumplidos más entusiastas.

Pero ¿qué balance hace Kylian de su partido y de su temporada? «Diremos que ha terminado bien y que podría haber empezado mejor. Quería jugar, triunfar, pude hacerlo al final; ahora hay que hacerlo durante todo un año». Evidentemente, la horda de periodistas apostados en los pasillos del Stade de France vino a hacerle la tradicional pregunta sobre su futuro. «Esperad, acabo de salir de un partido… No, pero en los próximos días nos iremos con la familia y pensaremos en lo que tiene que pasar», dice con una sonrisa, mientras se dispone a marcharse, pero alguien insiste y le vuelve a preguntar: «¿Hay que escoger?». A lo que él respondió: «Sí, tenemos que elegir. Y hablarlo con mi club también, por supuesto. Hay un contrato. No soy libre».

Para Kylian, es el comienzo de las vacaciones. El viernes, publicó una foto en Twitter «con el hermano mayor Jirès Kembo» titulada «Vacaciones Actitud». Sorpresa: «el Principito» es rubio platino, como Kembo.

Las siguientes fotos están tomadas en un yate en aguas españolas frente a Mallorca. El objetivo es relajarse con su familia. Lástima que las vacaciones no sean tan tranquilas como él quisiera: tiene que decidir sobre su futuro; escuchar a unos y a otros, las diferentes propuestas de los clubes más ricos del mundo. Sopesa, evalúa y analiza cuidadosamente con sus padres. Sin embargo, la última palabra la tiene Kylian. Así pues, después de volver a hablar con Vasilyev para conocer las intenciones del Mónaco, el joven de Bondy recibió una llamada telefónica de Zinédine Zidane. El entrenador merengue, que acababa de regresar de sus vacaciones en Italia, llamó al delantero del Mónaco para convencerle de que hiciera las maletas y volara a Madrid.

Esta es la conversación secreta revelada en la portada de *L'Équipe* el 23 de junio, y desmentida tiempo después por una persona cercana a la familia Mbappé. Pero ¿qué podría haberle dicho Zizou a Kylian? Ante las dudas del joven talento, que teme verse en el banquillo, sin contar con suficientes minutos de juego, en definitiva no progresar a nivel futbolístico, el exnúmero 10 de la selección francesa quiere tranquilizarle: le promete que le hará un hueco en el campo, que el trío de la BBC no es intocable, que si Bale se va al Reino Unido, Kylian tendrá un puesto de titular; si no, habrá una rotación garantizada entre los delanteros del Madrid. El entrenador también asegura al joven prodigio francés que en el Real Madrid podrá convertirse en la estrella internacional que sueña ser. Son argumentos convincentes, que parecen entusiasmar al jugador del Mónaco. Pero tiene tiempo para pensar; mientras tanto, se producen otras reuniones importantes, como la de Unai Emery. El seleccionador vasco tiene previsto tratar el caso de Kylian el 8 de junio, durante la cumbre del fútbol internacional en Bilbao.

«Cuando se habla de Mbappé aquí en España, se habla del Real Madrid, del Barcelona... Yo estoy en París, en el PSG, y digo: ¿qué hay más bonito que poder representar a un equipo francés?

Si es cierto que va a convertirse en uno de los iconos del fútbol mundial, que sea en París, con todo el respeto que tengo por el Mónaco. Pero él viene de París, tiene su familia en París. ¿Qué puede ser mejor para Francia, para el PSG, que haya una unión, una comunión entre el jugador y su ciudad?». Menos de un mes después de estas declaraciones, el entrenador está en Bondy. En su primer encuentro con Kylian, hablaron de su futuro y de la posibilidad de ser titular en el PSG. Pero este club, a ojos de Mbappé, es la tercera opción posible por detrás del Mónaco y el Real Madrid.

Su traslado de residencia confirma su deseo de permanecer en el club monegasco. Kylian ha dejado el piso en el que vivía con Fayza para mudarse a una casa en las alturas de Cap d'Ail. Después de tantos viajes de ida y vuelta entre Bondy y Mónaco, la idea es que toda la familia Mbappé pueda vivir tranquilamente en la gran casa con vistas al mar que antes ocupaba Benjamin Mendy.

Lunes 10 de julio: tras unas vacaciones en España y Grecia, Kylian llegó a La Turbie para someterse a las pruebas habituales, recuperación y dar sus primeros pasos bajo la dirección de Leonardo Jardim.

Jueves 13 de julio: la delegación monegasca llega a Saillon, en el cantón de Vaud, para su concentración en Suiza, que durará hasta el 19 de julio. Mbappé se ha convertido en la estrella del equipo y una multitud le espera al final de cada entrenamiento. No sólo los aficionados quieren una foto con el «Principito», sino también los periodistas, que sólo tienen una pregunta en la boca:

«¿Pero se quedará en el Mónaco a pesar de las ofertas del Real, el Manchester City y el PSG?». Los periodistas del diario deportivo madrileño *AS* aseguran que la respuesta del prodigio es simplemente «no lo sé»; en definitiva, la misma que un mes antes. Cuatro palabras que alimentan otro episodio del culebrón del verano. Reporteros, periodistas y comentaristas tratan de encontrar las verdaderas razones por las que el chico permanecerá en Mónaco o volará hacia otros horizontes. Una vez más, el príncipe Alberto II, entrevistado por *L'Équipe* el 12 de julio, participó en el debate: «Hay conversaciones en curso que me llevan a decir que seguirá en Mónaco la próxima temporada. Las diferencias tienen que ver con su aumento de sueldo. Pero creo que ha comprendido, y su padre con él, que todavía no le interesa ir a un club grande, donde no es seguro que sea titular. Aunque Zidane dijo que tendría tiempo de juego en el Real Madrid».

¿Son objetivas las declaraciones del príncipe Alberto o simplemente expresan sus expectativas como aficionado? En cualquier caso, muchos —aficionados y no aficionados— comparten la misma opinión que Su Alteza Serenísima y esperan que una rápida negociación conduzca a una prolongación del contrato, poniendo así fin a un asunto que ha durado demasiado tiempo. En el Mónaco, todo está listo: Kylian se ha hecho con un puesto de titular, el del número 10 de Bernardo Silva, traspasado al Manchester City. Contará con un sueldo mensual de 700.000 euros y podrá así preparar el Mundial de Rusia en las mejores condiciones posibles.

14 de julio: fiesta nacional de la República Francesa, se produce un giro de los acontecimientos. En su habitación del Hôtel des bains de Saillon, Kylian se pone delante de la cámara y graba un mensaje de vídeo que publica en Twitter a las 21:46 horas. El título: «Gran anuncio». Los aficionados franceses y españoles, así como los periodistas de medio mundo, están escuchando: por fin ha hecho su elección. El rostro serio, el tono solemne de las grandes ocasiones: así se expresa Mbappé: «Hola a todos, soy yo… Como sabéis, últimamente mi nombre se ha asociado a diferentes cosas, a diferentes rumores. Creo que era importante para mí manteneros informados y daros esta información. Con mi familia, hemos estado pensándolo mucho. Sopesamos los pros y los contras: llegamos a una decisión, que es que… este año… a partir de ahora… jugaré con…».

Kylian se detiene un momento. El suspense está en su punto álgido. Se agacha, se presenta de nuevo a la cámara, sostiene un par de botas de fútbol y, riendo como un loco, exclama: «¡Mercurial Vapor!». Se trataba de una maniobra publicitaria de Nike, con quien Mbappé acaba de renovar su contrato por unos cuantos ceros más. Una forma eficaz de crear expectación que no gusta a todo el mundo, hasta el punto de que, en un nuevo vídeo, Kylian se justifica así: «Me lo propusieron, me pareció divertido y, además, no hicimos daño a nadie».

20 de julio: el AS Mónaco muestra su serio disgusto. En un comunicado oficial, arremete contra aquellos clubes de fútbol europeos que «multiplican los contactos con Kylian Mbappé y su entorno sin contar con la autorización del club». Amenaza con pedir a la LFP y a la FIFA sanciones disciplinarias contra los directivos que incumplan la norma. Un mensaje que va dirigido, según algunos, al PSG, al Real Madrid y al Arsenal. Según algunos editorialistas, es una fuerte señal de que el club del principado está dispuesto a quedarse con la nueva pepita del fútbol francés. Pero las cosas no son exactamente así. El AS Mónaco juega a dos bandas: por un lado, proclama que quiere prolongar el contrato de Kylian; por otro, negocia la venta del jugador con el Real Madrid. Al final, el acuerdo no es con el Club blanco, sino con el Manchester City, que, según informan los medios británicos, está dispuesto a pagar 143 millones de libras (160 millones de euros).

Pep Guardiola, el entrenador catalán, habría mantenido varias conversaciones telefónicas con Kylian y su padre. Se dice que le ha ofrecido al joven la posibilidad de ser titular con la camiseta de los Citizens y que le ha hablado de su filosofía del fútbol y de sus planes de juego, y también se dice que intentó convencerle de que hiciera la misma elección que sus compañeros Bernardo Silva y Benjamin Mendy. Pero las negociaciones con el Real Madrid ya están muy avanzadas. Una reunión a mediados de julio entre Florentino Pérez y José Ángel Sánchez, por un lado, y Dmitri Rybolovlev y Vadim Vasilyev, por otro, habría definido los contornos del posible acuerdo. Y el 26 de julio, *Marca* titulaba en portada sobre la joven estrella: «Principio de acuerdo por Mbappé: 180 millones». El jugador francés va camino de convertirse en el fichaje más caro de la historia del fútbol; en las dos páginas dedicadas a la primicia, el diario español afirma que «una vez resueltos los últimos detalles, el joven futbolista francés se comprometerá por seis años y cobrará 7 millones de euros netos por temporada».

El objetivo de las partes —Real Madrid y el propio delantero— es que se incorpore al equipo en la gira por Estados Unidos en los próximos días. El diario español informa de que el Real Madrid también había considerado la posibilidad de cerrar el acuerdo, pero dejando que Mbappé pasara una temporada más en el Mónaco. Sin embargo, según *Marca,* el jugador, tras varias conversaciones con Zidane y una reunión en París con Florentino Pérez, ha decidido que no quiere perder el tiempo: se siente capaz, a pesar de la competencia de la BBC, de hacerse un hueco en el once titular del Real.

«Te aseguro que en este momento no hay ningún acuerdo con el Real Madrid ni con ningún otro club». El desmentido de Vadim Vasilyev llegó más tarde en el día. El vicepresidente del AS Mónaco confirma que ha recibido peticiones de cada parte, pero dice que no hay ningún preacuerdo. El Mónaco habla; el clan Mbappé permanece en silencio. Quiere sobre todo que Kylian se exprese en el terreno de juego, como lo hizo el 29 de julio en Tánger, en el estadio Ibn-Batouta con ocasión de la Supercopa francesa de 2017 entre el campeón de Francia, el AS Mónaco, y el campeón de la Copa de Francia, el París Saint-Germain. En la delantera, Mbappé se asoció con el capitán Radamel Falcao. Durante los primeros 45 minutos, el chico estuvo brillante. Le anularon un gol por fuera de juego, el defensa Marquinhos salvó un disparo, mostró su velocidad y su regate. En la segunda parte, cuando el Mónaco perdió el control del balón, se fue apagando y dio paso a Carrillo. En el minuto 94, el PSG celebró su quinto título. El hombre del partido fue Dani Alves, el brasileño recién comprado por el PSG, que dejó su impronta en el partido con un espectacular gol de falta y una asistencia a Adrien Rabiot, que dio la victoria al equipo por 2-1.

3 de agosto: El PSG anuncia la llegada de Neymar Júnior. Es el traspaso más alto de la historia del fútbol: 222 millones de euros. El brasileño ha firmado un contrato hasta el 30 de junio de 2022. Su salario anual será de unos 36 millones de euros. Esto pone fin a una historia increíble, que ha hecho correr mucha tinta y ha dado lugar a un sinfín de comentarios en los canales de televisión y las páginas web. Un breve pero sonoro revuelo, que habrá eclipsado el asunto Mbappé. Ahora que el exnúmero 11 del Barcelona ha llegado a la jurisdicción de Nasser Al-Khelaïfi, todo parece claro para los medios de comunicación españoles: el PSG ya no puede subir la apuesta; el Manchester City y el Arsenal ya no están en la carrera…, es sólo cuestión de días que la pepita de oro del fútbol francés firme con el Madrid.

4 de agosto: comienza la temporada 2017-2018 de la Ligue 1. El Mónaco llega con una alineación plagada de ausencias: Mendy y Bernardo Silva se han marchado al Manchester City, Bakayoko ha fichado por el Chelsea, Germain juega ahora en el Marsella, Diallo en el Mainz, Jean en el Toulouse, Dirar en el Fenerbahçe. Entre los nuevos fichajes están Youri Tielemans, un joven centrocampista belga, y Terence Kongolo, un defensa holandés que llega del Feyenoord. El primer partido del campeonato fue contra el Toulouse, un encuentro que terminó 3-2 para el Mónaco. Mbappé, con el número 10, abandonó el campo con un fuerte golpe en la rodilla izquierda. Un buen susto pero nada grave. Al día siguiente, Kylian está en Manchester para un evento organizado por un patrocinador. Se toma un selfi con Sané, mientras Mendy, su viejo

amigo, bromea con que Kylian podría elegir a los Citizens bajo el mando de Guardiola.

Al mismo tiempo, en Francia, Vasilyev dijo que Mbappé «nunca ha expresado su deseo de irse. No es sólo una cuestión de dinero, es más complicado que eso. El jugador tiene que posicionarse en el proyecto deportivo. Actualmente está pensando en ello, es normal».

En el lado español, las cosas se complican. Los periódicos madrileños afirman que el Mónaco exige más dinero y una prima de 25 millones de euros si Mbappé gana el Balón de Oro con la camiseta blanca. Pero no se trata sólo de dinero; Zidane no quiere dirigir a cuatro pesos pesados del ataque, como Cristiano Ronaldo, Gareth Bale, Karim Benzema y Kylian Mbappé. Una situación que podría ser fuente de conflicto en el vestuario. Es cierto que Álvaro Morata se ha ido al Chelsea, pero la situación sigue siendo delicada. De hecho, Zizou considera posible la llegada de Mbappé sólo si Bale se marcha a Inglaterra.

10 de agosto: dos fuentes coinciden a ambos lados de los Pirineos: «Salvo que la situación cambie, estamos en condiciones de confirmar que @KMbappe viene a París», anuncia Parisunited.net, una web de la capital parisina siempre bien informada. Y *Marca* lo confirma: «Lo imposible está a punto de suceder. Kylian Mbappé jugará en el PSG. Caso cerrado». ¿Pero qué pasó? ¿Cómo pueden cambiar las cosas tan rápidamente? Jean-François Suner, conocido como Fanfan, amigo de la familia y uno de los primeros entrenadores de Kylian en el Bondy, lo explica con toda sencillez: «Cuando Kylian se enteró de que el Mónaco había llegado a un acuerdo con el Real a sus espaldas, no le gustó en absoluto. Entonces decidió irse, pero adonde quería ir… No quería hacer lo contrario… Eligió París, que era el único club que le daría tiempo de juego. Al chico, le gusta jugar por encima de todo… No estoy seguro de que el Real pueda prometerle jugar el Clásico. Como no consiguieron desprenderse de Bale, no quiso arriesgarse a ser suplente… Eligió el PSG y esperó a

que los parisinos llegaran a un acuerdo con el Mónaco. Se hizo a finales de agosto, pero hace unos diez días que Kylian estaba seguro de fichar por el PSG».

Sí, antes de que la transferencia sea oficial, pasarán veintiún días. Tres semanas pesadas para Kylian y el clan Mbappé.

14

31 DE AGOSTO DE 2017

El juego ha terminado por un tiempo. El equipo francés ha vencido ampliamente a Holanda por 4-0. Y, gracias a la rocambolesca victoria de Bulgaria sobre Suecia (3-2), los Bleus vuelven a liderar el Grupo A y pueden aspirar a clasificarse para el Mundial de Rusia 2018. En las entrañas del Stade de France, aguarda la armada de periodistas de televisión, radio y prensa escrita. Casi todos los jugadores han pasado ya a la zona mixta, salvo Thomas Lemar, retenido por un control antidopaje. Pero no es él quien es objeto de toda la atención. Pasada la medianoche, poco después del cierre del mercado de fichajes de verano, aparece Kylian, el más esperado. Con una camiseta azul de la selección, chancletas y una sonrisa en la cara, Kylian Mbappé se ofrece a los medios de comunicación.

Los micrófonos aparecen de repente, llueven preguntas de todos lados:

«—Con el primer gol con la selección francesa y el fichaje oficial por el París Saint-Germain, ¿no es una noche de ensueño para ti...?

—Es un gran día, un gran fichaje, una gran victoria, un gran gol. ¿Un día de ensueño? Sí, nos estamos acercando. No sé lo que es un día de ensueño, pero ha sido un gran día. Hemos jugado un gran partido de principio a fin, con estilo. Creo que el público disfrutó y nosotros también, así que todo el mundo está contento hoy. Estamos orgullosos de lograr este tipo de actuación. Hoy hemos ganado a un gran equipo. Esperamos seguir por este camino.

—¿Por qué has decidido unirte al PSG?

—Es oficial, es un gran placer unirse a un club como este. Es el proyecto ideal, en mi opinión, para progresar y seguir aprendiendo a un alto nivel. Voy a estar rodeado de grandes jugadores que, en su mayoría, lo han ganado todo a nivel nacional e incluso algunos a nivel europeo, así que tengo mucho que aprender y todo por demostrar.

—Te han cortejado los mayores clubes europeos. ¿Cuánto tiempo hace que te decidiste por el PSG?

—Han pasado varias semanas. ¿Por qué el PSG? Porque era el proyecto que me permitía progresar, mientras jugaba, que era mi principal criterio.

—Ok. Suficiente, gracias». Philippe Tournon, jefe de prensa del equipo francés, interviene. Rodeando con su brazo los hombros del chico, lo aleja. Durante este gran día del 31 de agosto de 2017, los periodistas no sueltan el número 20 de los Bleus. Y él, como buen comunicador, no se amilana. Está muy contento pero no lo demuestra demasiado. Lejos de dejarse llevar por la euforia del momento, mantiene una actitud serena, al igual que su aire travieso. Sólo en una ocasión hizo una mueca ante los micrófonos, como de enojo, cuando le preguntaron: «¿Ahora estás completamente comprometido con el fútbol?», a lo que él respondió: «No, siempre me ha gustado el fútbol. Tú eres el que piensa que yo estaba en otra cosa. El fútbol es donde mejor me expreso; lo único que sé hacer es jugar al balón y, además, me divierto haciéndolo. Ha sido un verdadero placer volver a los terrenos de juego. Estaba sentado en el banquillo y me hormigueaban las piernas».

Esto es cierto porque, desde esos 74 minutos contra el Toulouse, Kylian no ha tenido la oportunidad de jugar en el campo. El 13 de agosto, contra el Dijon, en la segunda jornada del campeonato, pasó los 90 minutos en el banquillo. Leonardo Jardim prefirió a Adama Diakhaby antes que a él. Y en rueda de prensa, el entrenador explicó su elección así: «Que no sea titular es una decisión del club. Cuando hablo del club, me refiero a todo el club, a los que deciden». La orden de no hacer jugar al chico vendría de arriba: del presidente Rybolovlev y del vicepresidente Vadim Vasilyev. ¿Por qué esa decisión? Porque las relaciones entre el clan Mbappé y los directivos del club rojiblanco son muy tensas desde que se hizo pública la elección de Kylian para el PSG. A las revelaciones de Parisunited.net y *Marca* se sumó la portada de *L'Équipe* del 11 de agosto. Una gran foto de Kylian, con los brazos cruzados, mirando al nuevo número 10 del club parisino. El titular dice: «Mbappé quiere jugar con Neymar». Entradilla: «La llegada del brasileño y las grandes ambiciones del PSG en la Liga de Campeones han acabado por convencer al prodigio del Mónaco: quiere ir a la capital. La perspectiva de un nuevo traspaso de unos 180 millones de euros irrita a otros clubes europeos». En el artículo, nos enteramos de que el clan Mbappé, tras esperar en vano una contraoferta del Barcelona, habría elegido al PSG por encima de los otros clubes en liza —Real Madrid y Manchester City (el Liverpool y el Arsenal hace tiempo que se retiraron)— y comunicó al AS Mónaco la decisión de Kylian de jugar en la capital. Evidentemente, la perspectiva de venir a reforzar las filas de un adversario directo no gusta a todos los dirigentes del Mónaco. Pero sea como sea, les guste o no, tendrán que negociar con el equipo parisino, ya que se afirma que Wilfried y Antero Henrique, director deportivo del PSG, han llegado a un principio de acuerdo sobre la base de un contrato de cinco años y un salario bruto anual de 18 millones de euros, es decir, el segundo sueldo más alto de la Ligue 1, por detrás del de Neymar. Se trata de un buen aumento en comparación con los 700.000 euros mensuales que le habría ofrecido el Mónaco y los 6 millones de euros anuales que le ofrecía el Real Madrid.

Mbappé padre también se mostró tranquilo en cuanto al juego limpio financiero: le preocupaban las posibles sanciones de la UEFA, como la baja de la Copa de Europa, por ejemplo, debido a una campaña de adquisiciones desorbitada y sin precedentes. Pero Antero Henrique le aseguró que el PSG tenía los medios financieros para hacer frente a otra operación multimillonaria.

En definitiva, el clan Mbappé está convencido de ir a la capital, pero los dirigentes monegascos no comparten la misma opinión. En consecuencia, decidieron que lo primero que había que hacer era castigar al joven, que solo quería hacer lo que le apeteciera. Una vez más, fue Jardim quien tuvo que dar explicaciones en rueda de prensa: lo haría el 16 de agosto, dos días antes del partido en Metz: «Nunca hemos tenido la costumbre de castigar a nuestro jugador. Esa no es la palabra correcta. Es más bien para protegerlo. Con todas esas cosas que están rodeando a un joven de 18 años, es nuestra responsabilidad protegerlo de la tormenta que lo rodea», dijo el entrenador portugués. Y, dirigiéndose a los periodistas, añadió: «Kylian no está al cien por cien, no está en forma en este momento. Es normal, si otro periódico os ofreciera aumentar quince veces vuestro sueldo, escribiríais peor en vuestro ordenador».

Por eso, para proteger a su número 29 de una tormenta mediática, no lo convocó para el partido contra el Metz. Además, según algunos medios de comunicación, durante el entrenamiento hubo una pelea entre Kylian y Andrea Raggi, que provocó la exclusión del delantero. Es innegable que el joven de Bondy está nervioso. La razón es sencilla: no puede hacer lo que más le gusta —jugar al balón—, su entrenador le critica abiertamente delante de sus compañeros; además, está sometido a los acontecimientos mientras que, como cuenta Pierre Mbappé, a Kylian le gusta tomar sus propias decisiones en la vida.

El 27 de agosto, Kylian volvió a sufrir un mal trago: desde el banquillo, vio cómo sus compañeros infligían una aplastante derrota al OM (6-1) sin ni siquiera participar.

28 de agosto: Mbappé, convocado a la selección francesa para los dos partidos de clasificación para el Mundial, llega a Clairefontaine. Didier Deschamps asegura que el chico está bien de ánimo y que, a pesar de los rumores del mercado, está centrado en el partido con los Bleus. Es la respuesta a todos los que se preguntan qué hace Kylian en la selección francesa, dado que apenas ha jugado durante un mes. Evidentemente, el técnico se guarda de dar información sobre el posible traspaso de Kylian al PSG: «Kylian Mbappé —dice— sigue siendo hoy un jugador del Mónaco». Pero, sin quererlo, confirma que la transacción se llevará a cabo: «El futuro nos dirá si hizo una buena elección, pero es su elección, eso lo sabéis. Además, si no se siente preparado para ir al extranjero, es su sensación, su análisis. Acaba de pasar seis meses extraordinarios en el Mónaco, y necesita un poco más de tiempo para confirmarlo… No os vais a quejar de que se quede en Francia. Va a cambiar de club, pero se queda en la Ligue 1».

Es una pena que no se diga todo, que no todo esté hecho. El Mónaco negoció con el PSG y, en un principio, aceptó las propuestas del club parisino, para luego echarse para atrás y finalmente rechazar el traspaso. Tanto es así que, en la noche del 30 al 31 de agosto, en las últimas horas del mercado de fichajes, no parecía haber acuerdo. En la puja por el joven de Bondy está el FC Barcelona, que ha integrado a Ousmane Dembélé en su formación, pero que aún no ha conseguido cerrar la adquisición de Philippe Coutinho. Según *L'Équipe,* un jet privado espera al clan Mbappé en Le Bourget para volar a la Ciudad Condal y cerrar el posible acuerdo. Pero al final no se hace nada. El 31 de agosto de 2017, a las 18:30 horas, en la web del club del principado, aparece una foto de Kylian con este pie de foto: «¡El AS Mónaco desea lo mejor para el futuro a @KMbappe que se une al @PSG_inside! #MerciKylian». Un minuto después, fue el turno del club parisino:

«El París Saint-Germain se complace en anunciar el fichaje de Kylian Mbappé. Bienvenido, Kylian».

La pequeña joya del fútbol francés, tras cuatro años, casi dos temporadas como profesional, 58 partidos jugados, 27 goles marcados y 16 asistencias, se despide del principado. Llegó a París cedido por un año, con una opción de compra de 180 millones de euros. Una operación que permite al PSG esquivar el *fair play* financiero, ya que de otra manera sería arriesgado tras los 222 millones pagados por Neymar. Mbappé firmó un contrato que le vincula al club parisino hasta el 30 de junio de 2022. Es el segundo jugador más caro de la historia del fútbol, por detrás de su compañero brasileño Neymar, y el traspaso más caro de la historia entre dos clubes franceses.

A las 22:17, Kylian Mbappé entra en el campo en lugar de Olivier Giroud. Es el minuto 75 y Francia va ganando 2-0 a Holanda, gracias a un gol de Antoine Griezmann y otro de Thomas Lemar. Apenas dos minutos y el novato del PSG intenta marcar a Layvin Kurzawa. Estaba desatado, quería jugar y se notaba. Cada vez que se lanzaba a un eslalon, provocaba el pánico en la defensa rival, que se quedó con diez jugadores tras la expulsión de Kevin Strootman.

A las 22:32, en el minuto 91 del partido, el resultado era de 3-0 cuando Mbappé marcó su primer gol con la camiseta azul, el cuarto y último del partido. Una aceleración demoledora por la banda derecha, un portero holandés desconcertado que no sabía dónde mirar, un uno-dos entre Kylian y su excompañero Djibril Sidibé, y el golpe de gracia por la derecha para Jasper Cillessen. El séptimo disparo a puerta de Kylian en su quinta aparición con la selección ya fue un gol. Puede dirigirse a las gradas para adoptar su pose habitual: brazos cruzados sobre el pecho y manos bajo las axilas. Se convierte en el delantero más joven de la historia de la selección francesa después de Georges Lech, el jugador del RC Lens que, el 11 de noviembre de 1963, con 18 años y 5 meses (Kylian tiene 18 años y 8 meses), marcó su primer gol de azul contra Suiza. Aquel jueves 31 de agosto de 2017 seguirá siendo un día especial en la carrera de Kylian Mbappé.

No así el domingo 3 de septiembre. En Toulouse, durante el partido contra la modesta selección de Luxemburgo, el equipo francés tuvo la posesión del balón durante el 76% del partido, sumó 34 disparos y 635 pases acertados, y sin embargo el partido terminó en empate. Un marcador que nadie esperaba después de la brillante victoria contra Holanda y, desde luego, no Kylian, que es el titular en la banda derecha en el 4-4-2 de Didier Deschamps. Esa no es su posición habitual y, de hecho, acaba basculando hacia la izquierda y el centro, pisando las botas de sus compañeros de juego. A pesar de ello, demostró ser el delantero más formidable de los Bleus en los primeros compases del partido. En el minuto 12 dio un excelente pase para que Griezmann disparara a la grada, y también destacó por su aceleración en los minutos 18 y 22. Permaneció en el campo hasta el minuto 59, cuando Deschamps decidió sustituirlo por Kingsley Coman. Los comentarios son más bien positivos cuando se trata de analizar el rendimiento del número 20. Para muchos, fue el mejor con Lemar. Es una pena lo de la puntuación. Y para Francia, que tendrá que esperar a ganar a Bielorrusia el 10 de octubre, para asegurarse el billete para el Mundial de 2018.

Tres días después de la mala actuación de la selección francesa en Toulouse, Kylian Mbappé se coronó en París. Para la presentación oficial del nuevo fichaje del PSG, la sala de conferencias del PSG está llena, casi tanto como para Neymar. Nasser Al-Khelaïfi, presidente del club, presenta a Kylian: «Hola a todos, estoy muy contento de estar con vosotros, es un gran día para nosotros. Estamos muy contentos de presentar a Kylian Mbappé, nuestro último fichaje. Es un momento maravilloso para el club, para la Ligue 1 y para todos los clubes franceses. Sólo tiene 18 años, pero el mundo entero ya lo conoce. Para mí era imposible que no se quedara en Francia, porque Kylian ya es un gran talento y es una gran esperanza para Francia». Tras una pausa, Al-Khelaïfi reanudó su discurso mientras aparecían en la pantalla dos fotos de Kylian de niño visitando el Parque de los

Príncipes: «La gente no sabe por qué Kylian eligió París, quizá lo entienda al ver esas fotos. Está en su casa porque París es su ciudad y el PSG es el club de su corazón. Kylian, bienvenido a casa, bienvenido a París, al PSG y al Parc».

Le tocó el turno al chico que valía 180 millones de euros. Traje azul, camisa blanca, corbata negra, un traje elegante y formal para Kylian, similar al del presidente, salvo que el nudo de la corbata no es realmente perfecto. Con las manos cruzadas y la postura recta ante el micrófono, el joven se lanza a un monólogo: «Hola a todos. Como saben, es un gran placer para mí unirme al PSG, uno de los mejores clubes del mundo, un club extremadamente ambicioso, que quiere ser el mejor y que no sólo quiere, sino que pone todos los ingredientes necesarios para poder poner en marcha su proyecto, que es más que sólido, y eso es lo que me atrajo. Para mí, también es importante no abandonar Francia tras sólo seis meses de alto nivel. También era importante volver a casa, a la ciudad donde nací y me crie. Con el PSG, con mucho trabajo, respeto y humildad, podremos alcanzar nuestros objetivos y este sueño que mueve a todo el club, la Liga de Campeones. Estoy muy contento y les agradezco a todos su presencia».

A continuación, el agradecimiento a la familia y a los abogados del PSG que hicieron posible el fichaje de Kylian. Luego vinieron las preguntas de los periodistas. La primera: «Al final de la temporada pasada, tuvimos la impresión de que quería quedarse un año más en Mónaco. ¿Qué ha cambiado para hoy esté aquí delante de nosotros?». «Para ser sincero, cuando terminé la temporada en mayo con el título de campeón, por supuesto que pensé en quedarme. Cuando hablé con el presidente al principio, había dado prioridad al Mónaco. Pero pasaron algunas cosas que me hicieron cambiar mucho mi posición. Lo que pasó es sencillo, pero este no es el lugar ni el momento para explicarlo. Hablaré de todo ello a su debido tiempo. Sé que mucha gente está esperando y tiene preguntas, lo cual es comprensible porque es un tema que ha animado todo el verano, pero hablaré de ello muy pronto para explicar todo lo que ha pasado. Entonces, hablamos mucho con mi familia sobre mi futuro y tomé la decisión de fichar por el PSG. Creo que era la mejor opción para mí porque era el proyecto que me permitiría desarrollarme y podera prender ganando. Está muy bien aprender, pero hay que ganar. Sólo se tiene una carrera y pasa rápido. Soy una persona competitiva y ávida de títulos que quiere ganar año tras año, día tras día, así que quería aprender, seguir aprendiendo, pero quiero ganar, y quiero ganar ahora».

El número de manos levantadas en el público sigue creciendo, con preguntas por todos lados sobre Unai Emery, sobre Neymar y el impacto que ha tenido su llegada al PSG, sobre la decisión del joven fichaje y sus ambiciones para la nueva temporada, sobre lo preparado que está para afrontar la presión. Preguntas de todo tipo y, naturalmente, sobre el aspecto financiero y los 180 millones mencionados para su traspaso: «Esta pregunta surge a menudo y siempre tengo la misma respuesta: no soy yo quien gestiona, no es mi trabajo, así que no es algo que me preocupe. El precio es anecdótico para mí, no va a cambiar mi forma de vivir, pensar y mucho menos mi forma de jugar. El dinero no entra en mi bolsillo y tampoco salió de él. No es algo que me vaya a molestar, voy a salir al campo y, al contrario, jugar con jugadores así me va a liberar y voy a disfrutar aún más».

A medida que la rueda de prensa se acercaba a su fin, las preguntas se hacían más ligeras: ¿seguiría su madre acompañándole a los entrenamientos? «No, el club pone un chófer a mi disposición. ¿Volverá a vivir con papá y mamá? «De momento estoy en un hotel, pero encontraremos una casa para toda la familia. Será una casa familiar, no sólo con mamá y papá».

Han pasado 21 minutos desde el inicio de la conferencia; Kylian habla del Parque de los Príncipes al que iba cuando tenía dinero para una entrada o cuando su hermano Jirès Kembo jugaba contra el

PSG… Finalmente, el jefe de prensa puso fin a la discusión recordando que se esperaba al presidente y al jugador en el campo para la foto oficial.

Primero, junto a Nasser Al-Khelaïfi, con la camiseta con el 29 del PSG a la vista. Solo, luego con Wilfried y Ethan. Finalmente, con su padre, su hermano, su tío Pierre y su primo pequeño. Y tras la foto, el desfile por la alfombra roja a la entrada del estadio para saludar a los aficionados. La bufanda «Ici, c'est Paris» blandida en el aire, los apretones de manos, los autógrafos, las fotos, las inclinaciones de cabeza en señal de reconocimiento, los saltos: «¡Mbappé, vamos, vamos, vamos!», cantan los ultras. Kylian, como un *showman*, juega el juego.

15

DONATELLO

L a culpa fue de Presnel Kimpembe. Fue él quien empezó. Entre carcajadas, en el autobús del equipo, el defensa de Beaumont-sur-Oise se sienta a su lado. Pelo negro cortado, un casco sobre las orejas, una cara simpática… sí, se parece. Y tras él, todo el mundo empieza a llamar a Kylian «Donatello», desde Dani Alves hasta Neymar, pasando por el capitán Thiago Silva, que, un tiempo después, le dará una sorpresa: en una lujosa caja de Dior, puso una máscara de Donatello, una de las cuatro Tortugas Ninja, de los cómics creados en 1984 por los estudios Mirage, luego convertidos en una serie de dibujos animados, antes de ser adaptados al cine. Cabe recordar que Donatello, una tortuga con máscara morada y maestra en el arte de empuñar el bō (un palo de madera utilizado en el ju-jitsu, un arte marcial japonés), es el intelectual de los hermanos que incluyen a Miguel Ángel, Rafael y Leonardo. Y, como ellos, le gusta atiborrarse de pizza todo el tiempo.

Kylian recibió el apodo de «Donatello» nada más llegar al PSG: «Es porque se parece un poco a una tortuga por lo que le pusieron este apodo», explica Adrien Rabiot. «Es bonito, se lo ha tomado bien», añade el número 25 del París Saint-Germain. Para ser sinceros, Mbappé no parece estar muy contento con el apodo que le han dado, pero es cierto, se lo está tomando bien:

«Es un apodo que me hizo reír. Es una muestra de amistad y es una ayuda, en el vestuario, para superar las tensiones de los partidos».

El estribillo «¡Donatello! ¡Donatello!» resuena alto y claro en la tarde del 7 de septiembre, en vísperas del partido de liga contra el Metz y justo antes del debut de Kylian con los colores del club. Mientras el equipo cena, las imágenes de un partido de balonmano se desplazan en la pantalla grande ante la indiferencia general. Todos gritan, porque Donatello está recitando su discurso; es, de hecho, la tradicional novatada de vestuario a la que se someten todos los nuevos reclutas. Una novatada, como en el servicio militar o en el primer año de universidad; una reliquia del pasado, un rito de paso que perdura.

Animado por sus nuevos compañeros, el chico de Bondy con un chándal rojo se sube a una silla en el extremo de la pequeña mesa, con una botella de agua mineral en la mano a modo de micrófono, y habla: «Lo siento, me llamo Kylian. Tengo 18 años y soy un jugador nuevo». Siguiente paso: la canción. El nuevo número 29 del PSG canta *C'est plus l'heure de Mr Franglish, Dadju & Vegeta*, como lo hizo cuando se incorporó a la selección francesa. ¡Ahora es un profesional! Y el estribillo

«Après l'heure, c'est plus l'heure.
J'ai demande ta main
tu me l'as pas donnée
Grosse erreur.
J'aurais pu devenir un homme qui t'a tout donné»

Se lo sabe de memoria.

La interpretación… vete a saber lo que pensaría el Sr. Franglish, el rapero del distrito XX de París. La actitud de Dani Alves es suficiente para deducir la escasa calidad de la actuación, aunque haya muchos aplausos, gritos y manotazos en la mesa para cerrar su actuación. Marco Verratti, el italiano del grupo, divertido por el espectáculo, publica el vídeo en Twitter a las 21:46 horas. Al día siguiente, el 8 de septiembre de 2017, en el estadio Saint-Symphorien de Metz, Kylian ofrecerá una actuación mucho mejor.

A las 20:05 horas, salió del túnel de vestuarios con un chándal azul y un pantalón amarillo, acompañado por los silbidos del público local. Neymar Júnior le precedió. Mr. 222 millones había aterrizado en Francia dos días antes, tras cumplir sus compromisos con la selección brasileña contra Ecuador y Colombia. Su presencia como número 10 fue incierta hasta el último momento. El brasileño aún tuvo tiempo de publicar un selfi con Kylian en la pista del aeropuerto justo antes del partido. En la foto, el joven de Bondy, con los auriculares puestos y una sonrisa en la cara, señala a su compañero de equipo mientras Ney hace un espectáculo imitando a un surfista. Basta con imaginar que Neymar y Mbappé ya se llevan bien. Se confirmará un poco más tarde en el campo. El número 29 del PSG comienza el calentamiento en medio de sus compañeros. Se ha entrenado muy poco con ellos: sólo hace seis días que se incorporó al club y, dados los compromisos internacionales de cada uno, sólo se ha cruzado con Ney y Cavani una o dos veces en el terreno de juego. En resumen, los automatismos están todos por encontrar; en cualquier caso, no es difícil imaginar la enorme presión, la emoción que representa para el joven de Bondy este primer partido con los parisinos. Sabe que su actuación será escrutada, analizada minuto a minuto, acción a acción, en los más mínimos detalles; los kilómetros recorridos, los pases realizados y los pases fallados. Todo el mundo, tanto los periodistas como los aficionados, quiere asegurarse de que el joven de 18 años vale su precio y que estará a la altura del número 10 y del «Matador». Pero Kylian siempre ha sido un chico decidido:

«Me dije que desde el primer partido tenía que dejar huella. Y eso es lo que hice. Era importante que la gente estuviera conmigo desde el principio», confesó unos meses después a *France Football*.

El partido Metz-PSG, correspondiente a la cuarta jornada del campeonato, dará comienzo a las 20:45 horas. Unai Emery ha alineado un equipo con un sólido ataque de oro: Edinson Cavani juega como delantero centro, Kylian Mbappé como extremo izquierdo y Neymar como extremo derecho. Aquel era el debut del trío estelar de los 466 millones de euros. Y eso sin contar a Julian Draxler, el jugador alemán valorado en 45 millones de euros, y a Ángel Di María, fichado en 2015 por 63 millones de euros procedente del Manchester United.

Los parisinos se enfrentan al farolillo rojo de la Ligue 1: el Metz aún no ha ganado ningún partido. Mbappé, por su parte, tiene el recuerdo de un triplete que le hizo a ese equipo la temporada anterior, cuando aún jugaba en el Mónaco.

¡Ya está! En el minuto 3, Kylian se revuelve por la línea blanca de la izquierda, intenta superar a dos rivales, pero el número 25 del Metz se impone. En el minuto 6, un doble uno-dos en el área entre Neymar y Mbappé, pero el pase final fue interceptado. En el minuto 14, otro buen intercambio entre el brasileño y el francés, extremadamente rápido, dio sus frutos. Este fue sólo el comienzo de una larga serie de combinaciones entre los dos nuevos compañeros. La defensa rival lo estaba pasando muy mal. Al final de los 90 minutos de juego, Neymar y Mbappé se habrán pasado el balón 36 veces. Su relación es la más prolífica del partido. Un buen augurio para el futuro. En el minuto 31 llega el ansiado gol. Neymar abre a Mbappé y Cavani. Los dos jugadores pueden controlar el balón, pero el primero, respetuoso con la jerarquía, cede el honor de controlar y abrir el marcador a su compañero. Fue el séptimo gol de la temporada para «el Matador», que se apresuró a abrazar a su nuevo compañero para saludar la elegancia de su gesto. En el minuto 33, Kylian realizó un precioso pase de tacón a Edinson, pero esta vez Kawashima, el portero del Metz, no se dejó sorprender. Un minuto después, Kylian volvió a hacer de las suyas: se coló por la banda izquierda y envió un magnífico centro a la cabeza del uruguayo que, con total libertad, remató. Parecía un gol, pero Kawashima intervino para detener el disparo. En el minuto 35, Neymar centró desde la banda derecha al área y el número 29 cabeceó el balón lejos de los palos del Metz. A continuación, el equipo local empató: Mathieu Dossevi centró para Emmanuel Rivière que, desde la banda contraria, se llevó el balón con rabia ante Alphonse Areola. 1-1, un escenario inesperado.

Antes del descanso, el dúo Mbappé-Neymar respondió con una contundente contra. En el centro del campo, Kylian tuvo espacio para correr; aceleró a placer, condujo el balón y el número 10 corrió por la izquierda, soltando un preciso disparo cruzado que Kawashima consiguió sin embargo desviar con la punta de los dedos. La segunda parte comenzó con un cabezazo de Areola, que fue una pura locura. Tras un pase hacia atrás de Marquinhos, el portero del PSG, en lugar de pasar el balón a Kimpembe con el pie, decidió cabecear. Rivière recogió el balón, pero el delantero falló estrepitosamente y envió el balón a la grada. A continuación, Benoît Assou-Ekotto fue expulsado por una mala entrada sobre Mbappé, que se fue al suelo en plena carrera por la banda derecha. El joven de Bondy rodó por el campo, pero finalmente pudo reanudar el juego. El FC Metz se quedó con diez hombres y sin entrenador, ya que Philippe Hinschberger también fue expulsado. El partido cambió de cara. El PSG se hizo con el control del balón y Kylian marcó. Estamos en el minuto 59. El balón vuelve a los pies de Kylian. Dispara de volea a ras de suelo y anota. El PSG va ganando 2-1. Con los brazos cruzados bajo las axilas en el centro del campo, la pequeña joya del fútbol francés celebra su primer gol de amarillo. Cavani salta sobre sus hombros. Neymar lo coge en brazos y Kylian lo levanta. Pero aún no ha terminado, en el minuto 61, Neymar, solo en el área, sube el ritmo, espera la llegada del número 29 y da un pase de oro. El chico dispara, ¡es algo seguro! Cuando Kawashima se creía vencido, Niakhaté salvó en la línea. Neymar hace una carrera a toda velocidad. A partir de un pase de Rabiot, saca un disparo escurridizo culminando la carrera. 3-1. Todavía hay tiempo; Kylian proporciona involuntariamente una asistencia perfecta para que Cavani marque otro gol. Un centro desde la izquierda, que pasó entre las piernas de un defensa y golpeó el brazo de Mbappé, fue recibido por el uruguayo, que había seguido la acción, y logró inclinar el balón hacia la red con la punta de la bota. Lucas Moura marcó el último gol, en el minuto 87. El resultado final de 5-1 supone la quinta victoria del PSG en liga y un prometedor debut para el último fichaje del equipo, que comentó su actuación a Canal+: «Ha sido un gran gol, para ser el primero. Quise dar un pase a Ney, el defensor lo interceptó, me adelanté a mi rival y la metí con fuerza. Siempre dije que quería jugar con grandes jugadores. Ahora estoy jugando con los mejores de la liga y quizás de Europa. Aprendo de sus movimientos y de su profesionalidad para hacerlo lo mejor posible. Lo único que quería era estar en el campo, el entrenador tomó esa decisión. Hoy he disfrutado. Estoy contento, estoy feliz con lo que he hecho». Sus nuevos compañeros de equipo también están contentos. El post de Kimpembe en Instagram ofrece un bonito guiño: «¡Felicidades por tu primer gol! Donatello ha atacado de nuevo. Tienes derecho a una pizza como recompensa».

16

MCN

Inmediatamente me vienen a la mente tres preguntas. La primera, la más trivial y la más divertida: ¿cómo debemos llamar a estos tres? ¿Cómo describir a este trío mágico? ¿Cuál sería el término adecuado para la nueva fuerza de ataque del PSG? ¿Cómo se llama a Neymar, Cavani y Mbappé? ¿Cómo se elige el acrónimo perfecto para un ataque explosivo? Desde el momento en que Kylian llegó al PSG, se habló de esta cuestión —en broma o más en serio— empezando por *L'Équipe*. «MCN» es la solución obvia, en línea con los últimos tríos: la BBC de Madrid, —formada por Bale, Benzema y Cristiano Ronaldo— o la MSN azulgrana (Messi, Suárez, Neymar). Por supuesto, las siglas no tienen el mismo efecto que la BBC o la MSN, que evocan cadenas anglosajonas. MCN son las siglas de Maritime Campus Netherlands y Montage Cable Network, un canal de televisión africano. En resumen, no es tan impactante. Queda la opción «KEN»: las iniciales de dos nombres y un apellido que evocan inmediatamente a Ken, el eterno prometido de Barbie, la muñeca creada por Mattel. Más allá de los simples acrónimos, la fantasía no tiene límites. Ya que Mbappé ha recibido el apodo de Donatello, alguien sugiere nombrar a los tres héroes como las Tortugas Ninja. Pero las tortugas son cuatro y además, aparte de Kylian, los otros dos no se parecen a Miguel Ángel, Rafael o Leonardo. Ya que estamos en Francia —y en París, además— a alguien se le ocurre revivir a Alejandro Dumas padre y sus tres mosqueteros. ¿Y d'Artagnan? Por no hablar de que este apodo ya se ha utilizado en el deporte francés, y con éxito: basta con recordar a Jean Borotra, Jacques Brugnon, Henri Cochet y René Lacoste, «los cuatro mosqueteros» que, entre 1920 y 1930, ganaron seis veces la Copa Davis. Entre apodos sensatos e ideas jocosas, han surgido propuestas por todos lados: el Trío Infernal, los Caballeros del Apocalipsis, los Tres Tenores, 9-10-29, el Tridente de los Sueños, la Santísima Trinidad..., pero al final se mantendrá el acrónimo MCN, una simple referencia a los tres apellidos: Mbappé-Cavani-Neymar.

Pasemos a la segunda pregunta, esta sería: ¿reúne el trío MCN a los mejores delanteros del mundo en la actualidad? Tras sólo seis partidos jugados, la respuesta sólo puede ser afirmativa. Veamos en detalle cómo van las cosas entre la liga y la Liga de Campeones. Contra el Metz (5-1), los tres aparecieron juntos y marcaron tres goles (dos para Cavani, uno para Mbappé). El 12 de septiembre, ante el Celtic Park en Glasgow, debutan en la fase de grupos de la Liga de Campeones; el poderío ejercido por los tres es espectacular. Los escoceses, con sus camisetas a rayas verdes y blancas, sufrieron su peor derrota en casa en una liga europea. Concedieron cinco goles. Neymar abrió el marcador, y Kylian marcó su segundo gol con el PSG, al rematar de cabeza el número 10. Cavani añadió dos más, primero de penalti y luego de cabeza. Con el 4-0 en el marcador, el sueco Mikael Lustig marcó un gol en propia puerta. En dos partidos, el MCN marcó seis goles. El 17 de septiembre, en el partido de liga contra el Olympique de Lyon, el primer gran rival, ninguno de los tres marcó. Sin embargo, gracias a Marcelo y Jérémy Morel, el PSG ganó por 2-0 ayudado por dos goles en propia puerta. El primero en el minuto 75, cuando Marcelo batió a su portero tras un centro desviado de Cavani; en el segundo, minuto 86, Morel envió el balón al fondo de la red de su equipo, después de que el disparo de Mbappé rebotara entre su pierna y el pie de Anthony Lopes. Para que conste, hay que recordar que «el Matador» falló el penalti que le hicieron a Kylian.

El 23 de septiembre, en el campo del Montpellier, Neymar se lesionó y no jugó el partido, que terminó con un empate a cero. Tras seis victorias consecutivas, este fue el primer empate de los parisinos, que volvieron a la carga cuatro días después, el miércoles 27 de septiembre, en el Parque de los Príncipes. El rival es un grande de Europa: el Bayern de Múnich, con Thomas Müller, Robert Lewandowski y James Rodríguez. En el banquillo, un habitual de la Champions League: Carlo Ancelotti. Para el trío del PSG, era la prueba de fuego, la prueba por excelencia. A los dos minutos, los bávaros ya estaban superados. Neymar entró por la izquierda y corrió hacia el área, atrayendo a un enjambre de rivales hacia él, dejando el lado derecho sin cubrir.

Alves, tras una asistencia perfecta del número 10, logró pasar la pelota entre las piernas de Ulreich (1-0). En el minuto 31, Mbappé corrió por la izquierda y se internó en el área; dos rivales le pisaban los talones, pero Kylian pasó sutilmente el balón a Cavani, que colocó un disparo imparable bajo el larguero. La faena se completó con una combinación Mbappé-Neymar. El número 29 se adelantó: engañó a dos jugadores bávaros y, con el portero fuera de su portería, decidió centrar. Los defensores se quedaron clavados; Neymar apareció y marcó (3-0). El trío MCN empieza a ser temido en Europa. Y también en Francia. Basta con ver cómo el PSG maltrata al Girondins de Burdeos, tercero en la Ligue 1 e invicto. El 30 de septiembre, recibieron seis goles y sólo marcaron dos. El festival comenzó con un muy buen tiro libre que pasó justo por debajo del travesaño. Firmado Neymar. En el minuto 12, Mbappé taconea para Neymar que pasa al Matador: 2-0. El tercer gol lo marca Thomas Meunier. El Girondins despertó y redujo la diferencia (3-1), pero Neymar, de penalti, dio aire a su equipo. Entonces Julian Draxler marcó. Al descanso, el marcador era de 5-1, la primera vez que el PSG marcaba tantos goles en la primera parte. El sexto gol lo marcó Kylian, que lo dedicó a Benjamin Mendy, su antiguo compañero en el Mónaco, que había sufrido una grave lesión (rotura de los ligamentos cruzados de la rodilla) unos días antes contra el Crystal Palace. Marcó su segundo gol en la liga con el PSG y lo celebró con un pulgar hacia arriba y el dedo corazón hacia el cielo en honor de su amigo que no podía jugar.

A estas alturas de la historia, basta con mirar las estadísticas para ver que con 14 goles y 6 asistencias, la MCN está por delante del trío más famoso de los últimos tiempos: la MSN. Messi, Suárez y Neymar, que jugaron juntos por primera vez en la temporada 2014-2015, batirán todos los récords posibles durante esa temporada. Sin embargo, después de seis partidos —cuatro de liga y dos de Liga de Campeones (Ajax y APOEL Nicosia)— «sólo» habrán marcado 12 goles y 6 asistencias de gol.

Para Mbappé, Cavani y Neymar, el ascenso de su poderío continúa. El 14 de octubre, el PSG se enfrentó al Dijon fuera de casa, y ganó un reñido 2-1 gracias a un doblete de Thomas Meunier. Cavani estuvo ausente, Neymar estuvo muy discreto y Mbappé vio sus dos intentos atajados por el portero Baptiste Reynet. Las tres superestrellas se resarcieron en la Liga de Campeones, contra el Anderlecht belga. A los 160 segundos de juego, Verratti dio la asistencia para que Kylian marcara su octavo gol en 12 partidos de la Liga de Campeones. Más que prometedor para un jugador tan joven. Sólo lo han hecho hombres como Karim Benzema, Radamel Falcao y Edinson Cavani. Al final de la primera parte, otra acción creada por los tres tenores: un disparo magistral de Neymar desde fuera del área, que Sels despejó sin saber muy bien cómo; Mbappé, bien colocado, sirvió a Cavani, que dio el 2-0 al PSG. A continuación, el número 10 demostró todo su talento: consiguió el tercer gol para su equipo. Ángel

Di María se unió entonces a la MCN en la tabla de goleadores. El PSG está en racha en Europa y domina la liga.

El trío marca goles una y otra vez, y la tercera pregunta es si logrará convertirse en uno de los más grandes tríos de ataque en la historia del fútbol. Conviene hacer un breve repaso de los hechos. Las preferencias y los gustos personales suelen ser diferentes, según la geografía, el equipo al que se apoya, los colores que se prefieren, la experiencia, el estilo de juego que se prefiere, que gusta o que no gusta. Pero, estemos o no de acuerdo, algunos tríos son piedras angulares de la historia del fútbol.

Empezando por el fútbol en blanco y negro, no se puede olvidar la imagen de Aranycsapat, la selección húngara de oro de los años 50, y sus tres delanteros: Ferenc Puskás, Sándor Kocsis y Nandor Hidegkuti. Estos fueron los jugadores que ganaron a los ingleses (los inventores del fútbol) por 6-3 en Wembley en 1953 y que, sin embargo, perdieron incomprensiblemente la final de la Copa del Mundo de 1954 ante Alemania Occidental.

Finales de la década de 1950: el trío brasileño formado por Didi, Vavá y Pelé maravilló al mundo entre 1958 y 1962. Edson Arantes do Nascimento destacaba por sus regates y sus goles. Didi, por su actividad en la banda y Vavá por ser un delantero centro puro. El célebre Garrincha también es recordado por su genialidad.

Al mismo tiempo, esta vez en Madrid, en 1958, se formó un fabuloso trío formado por Alfredo Di Stéfano, el argentino, Ferenc Puskás, el húngaro, y Paco Gento, el extremo izquierdo español. En 1960, el Real Madrid ganó la quinta Copa de Europa de Clubes Campeones consecutiva contra el Eintracht de Frankfurt.

En Inglaterra, a mediados de la década de 1960, llegó la «Santa Trinidad» de los Diablos Rojos: George Best, el genio loco de Irlanda del Norte, Bobby Charlton, el «bombardero», y Denis Law, el «finalizador». Tres hombres que recibirían un Balón de Oro cada uno. La consagración se produjo en la final de la Copa de Campeones de

1968. Con un marcador de 4-1, pulverizaron al Benfica de Lisboa, donde Silva Ferreira, también conocido como Eusébio, estaba al mando. Se ha erigido una escultura en homenaje al trío formado por Best, Charlton y Law en el exterior de Old Trafford. No hay aficionado del Manchester United que no se haya fotografiado ya a los pies del monumento.

Década de 1970: el «fútbol total» del Ajax de Ámsterdam y la «naranja mecánica». Con Johan Cruyff, el número 14, esteta y filósofo del balón, Johnny Rep, extremo derecho, y Piet Keizer, extremo izquierdo; todos ellos adeptos al 4-3-3, una táctica típica del Ajax. Es difícil olvidar el gol de Rep en la final contra la Juventus el 30 de mayo de 1973, que dio a los «lanceros» su tercera Copa de Europa de Clubes Campeones consecutiva. También cabe recordar que en 1974 el trío llevó a Holanda a la final de la Copa del Mundo en Alemania.

Quedémonos en Alemania y analicemos el trío formado por Uli Hoeness, Gerd Müller y Karl-Heinz Rummenigge en el Bayern de Múnich a mediados de la década de 1970. Hoeness, Rummenigge y Müller fueron los verdaderos protagonistas a partir de 1976. Müller y Rummenigge fueron galardonados con el Balón de Oro: el primero en 1970, el segundo en 1980 y 1981.

Volvamos a los incansables brasileños. En el Mundial de México 1970, que Brasil ganó por 4-1 a Italia, el trío ganador fue el de Jairzinho, Tostao y Pelé. Durante el Mundial de Corea y Japón de 2002, las «tres R» fueron Ronaldinho, Rivaldo y Ronaldo. Gracias a 8 goles marcados, Ronaldo —«El Fenómeno»— será considerado el mejor jugador del torneo. Rivaldo marcará cuatro y Ronaldinho, entonces en el PSG, dos, incluido el inolvidable gol de falta que dejó en ridículo al pobre portero inglés David Seaman.

2003-2004: los Gunners de Arsène Wenger ganan la Premier League invictos. Tras igualar el récord establecido en la temporada 1888-1889 por el Preston North End, fueron apodados «Los Invencibles»:

la recompensa para un trío formado por Robert Pires, Dennis Bergkamp y Thierry Henry que, con 30 goles en la liga, se proclamó máximo goleador.

Luego llegó la era del trío MSN. Al final de su primera temporada juntos, Messi, Suárez y Neymar marcaron 122 goles y ganaron la Liga, la Liga de Campeones y la Copa del Rey. Además, durante los tres años de Neymar en el Barcelona, marcaron 344 goles en 135 partidos.

En cuanto al trío de la BBC, entre 2014 y 2017, Bale, Benzema y Cristiano Ronaldo marcaron una media de 100 goles y ganaron la Liga de Campeones dos veces consecutivas. ¿Conseguirán la joya francesa Mbappé, el rey Neymar y Cavani «el Matador» hacer historia con la pelota? Quién sabe...

17

UN CHICO DE ORO

Lunes 23 de octubre de 2017, 18:50 horas. Kylian Mbappé, con esmoquin negro, camisa blanca y pajarita, se baja de una furgoneta Mercedes y entra en el Sporting Monte-Carlo, acompañado de Wilfried, Fayza y Ethan. Por una noche, el joven de Bondy vuelve a la ciudad que le vio empezar en la Ligue 1, triunfar y ganar el título de campeón de Francia.

Si vuelve a sus orígenes, es para recibir el Golden Boy 2017. Mbappé ganó el trofeo que el diario deportivo *Tuttosport* concede desde 2003 al mejor jugador joven de Europa menor de 21 años. El nuevo jugador del PSG se impuso a sus rivales en el premio con 291 puntos, casi el doble que su segundo, su compatriota Ousmane Dembélé, recientemente reclutado por el Barcelona, que obtuvo 149 puntos. En tercer lugar aparece Marcus Rashford, del Manchester United, con 76 puntos. Al pie del podio, en cuarto lugar, Gabriel Jesús (72 puntos), de Sao Paulo, jugador del Manchester City. Una consagración para el número 29 del PSG: de treinta y cinco votantes, sólo tres no le dieron el primer puesto. Un plebiscito popular sin precedentes. Mbappé sucede a Renato Sanches, el centrocampista cedido por el Bayern de Múnich al Swansea City. Además, su nombre se sumó al libro de oro que incluye a Wayne Rooney (2004), Leo Messi (2005), Cesc Fàbregas (2006), Mario Götze (2011), Isco (2012), Paul Pogba (2013) y Anthony Martial (2015).

Pero antes de esa «noche de las estrellas», el delantero parisino recibió las primeras críticas severas de la prensa francesa. No se trata sólo del rendimiento del jugador, sino también de su capacidad para hacer el trabajo. «Kylian, por primera vez desde que explotó en la Ligue 1, nos ha decepcionado». «Invisible durante los primeros 45 minutos, falló un número bastante asombroso de ocasiones en la segunda parte». «Seguro que el hecho de estar colocado en la punta del ataque del PSG ante la ausencia de Edinson Cavani no le ayudó, pero algunos de los errores ante la portería no fueron propios de él». Los medios de comunicación y los comentaristas no tuvieron piedad.

Unai Emery, su entrenador, lo defiende: «¿Mbappé es menos bueno en este momento? No. Mbappé es un jugador joven que progresará con la experiencia. Normalmente le viene bien. Contra el Dijon, falló muchas ocasiones, pero eso forma parte de la experiencia, es su camino. Es inteligente, todo el mundo lo aprecia. Aporta al equipo en los pases, en las combinaciones, pero también delante de la portería. Mañana —añadió el técnico español en vísperas del partido contra el Anderlecht—, si tiene las mismas posibilidades de marcar, seguro que puede hacerlo». Y hace bien en confiar en él. En el desplazamiento a tierras del club belga, Kylian abrió el marcador en el minuto 3 tras una gran combinación con Marco Verratti, un preludio de la aplastante victoria por 4-0 para el PSG. Los parisinos despegan en el grupo B. Pero lo peor está por llegar. En la noche del domingo 22 de octubre, en el estadio Vélodrome, contra el OM: «Mbappé jugó su peor partido desde su llegada al PSG», «probablemente su peor actuación desde hace un año», «uno de los peores partidos de su joven carrera», «realmente, no brilló», «fallos ante la portería, nulo repliegue defensivo y cierta pasividad con el balón en los pies», «Kylian se perdió su primer Clásico». Puntuación de 2/10 según *L'Équipe*.

Su actuación no explica por sí sola el revés de la prensa; el joven prodigio del PSG, habitualmente un buen comunicador, revela una cara diferente. Al final del partido, Kylian recibió una tarjeta amarilla por agarrar el brazo del árbitro al que pedía un penalti y acusarle de no estar «a la altura». Con ese partido llueven comentarios nada elogiosos. Se hablaba de arrogancia y petulancia por parte de un chico que, en pocas semanas, había pasado de ser un «joven con la cabeza en su sitio a un adolescente engreído». Se insinúa que Neymar tendría una influencia negativa, que incluso habría «contaminado el cerebro de Kylian». Tanto es así que Kylian se cree ahora un «Neymar 3.0». En definitiva, la fama se le habría subido a la cabeza y no sería la «bomba nacional» que todos esperaban. Estas cosas pasan cuando un joven tan deslumbrante no marca en dos partidos de liga y no juega a su nivel. Aparentemente, Kylian se toma las cosas con calma. Incluso consigue darle la vuelta a la situación.

Si se piensa bien, más del 90% de los jugadores pasan dos partidos sin marcar, pero no se les critica por ello. Por lo tanto, si está bajo presión, sólo puede alegrarse por ello. Demuestra que su nivel de juego ha mejorado y que ha cambiado su estatus: hoy es un jugador importante, del que se espera mucho. Y aquí está, sonriente, con una camiseta blanca con el número 970005, en su habitación de hotel monegasco, listo para recibir a toda la delegación de *Tuttosport* antes de la ceremonia de entrega de premios. Mientras Fayza cierra la puerta de la habitación de Ethan, Kylian recibe una copia de una portada histórica de *Tuttosport* y agradece entre risas a los periodistas en un italiano más que correcto. Fotos, apretones de manos, autógrafos y una entrevista exclusiva para el diario de Turín. El «Principito» habla de todo: del Mónaco, del PSG, de la selección francesa, de la Liga de Campeones, del fútbol italiano, de Renato

Sanches, que le precedió en el libro de oro de los Golden Boys, e incluso de las recientes críticas: «Comprendo muy bien que la gente espere mucho de mí, pero es muy difícil que un jugador esté siempre al máximo nivel; sólo los grandes pueden hacerlo. Hasta ahora me ha ido bien y si sigo participando puedo hacerlo aún mejor. Lo que estoy viviendo es un sueño, así que tengo que disfrutarlo y trabajar».

Hablamos de su talento precoz y de su ídolo de la infancia:

«¿Cristiano Ronaldo? Claro que parece extraño que un campeón como él no haya recibido nunca un premio tan prestigioso, pero hay jugadores que maduran pronto, como Fábregas y Messi, y otros que llegan a expresar sus capacidades más tarde».

Otro tema, otro ejemplo: Thierry Henry. «Me siento honrado por esta comparación, pero no quiero ser el nuevo Thierry Henry o el nuevo fulano. Sólo quiero ser yo mismo, Kylian Mbappé, y escribir mi propia historia. No tiene sentido ser una copia; quiero ser el original».

Kylian también habló de su relación con Neymar: «Es un honor que Neymar muestre tanta consideración por mí. Sabe que le admiro y le quiero. Y cuando un jugador como él te toma bajo su ala, tienes todas las cartas en la mano para progresar. Creo que tuvo una gran experiencia en Barcelona, donde lo ganó todo. Y quiero ganarlo todo con el París Saint-Germain. Así que, para mí, aprender de Neymar es lo mejor para mejorar y alcanzar mis objetivos».

El ambicioso joven de 18 años ocupa un lugar destacado en la sala de las estrellas del Sporting Club de Montecarlo. Cuando se pronuncia su nombre, abandona la mesa y sube al escenario, donde han actuado artistas como Frank Sinatra, Charles Aznavour, Stevie Wonder, Elton John y Joe Cocker, para recibir su premio. Ante trescientos invitados, entre ellos Leonardo Jardim, su antiguo entrenador, y Vadim Vasilyev, vicepresidente del AS Mónaco, recibe el trofeo de manos de Paolo De Paola, director de *Tuttosport*: un pesado balón de oro. Son las 20:25 horas: «Dedico este trofeo a mi hermano pequeño, Ethan, que está aquí», dice Kylian, que recibe como regalo una camiseta dedicada de Cristiano Ronaldo. Wilfried, su padre, explica a los micrófonos: «Es muy emocionante. Hoy es la recompensa a su talento y al trabajo de la familia. No, Kylian no me sorprende; la única sorpresa es que todo haya ido tan rápido. Pero las cosas que hace ahora, las hacía de niño. Los que le vieron jugar de niño lo saben. «Es realmente un honor haber ganado este trofeo, y luego, en Mónaco... es algo simbólico. Es una motivación extra para seguir trabajando», explica Kylian. Luego, mirando el trofeo en sus manos, añade: «Lo expondré en casa, acabamos de mudarnos». Otra pregunta: «¿Será el próximo Balón de Oro?». «No lo sé, no adivino el futuro», elude el jugador del PSG. El futuro está muy cerca.

7 de diciembre de 2017: *France Football* revela la clasificación del Balón de Oro. Cristiano Ronaldo, ya lo sabíamos, con 946 puntos, gana su quinto título. Se compara con Lionel Messi y grita al mundo: «Soy el mejor jugador de la historia».

Messi, el número 10 del Barcelona, es el segundo. Neymar, la nueva estrella parisina, sube al último escalón del podio. Hasta aquí, nada sorprendente, la sorpresa viene al ver el Top 10. En cuarto lugar está Gianluigi Buffon, el eterno portero de la Juventus. Luego viene Luka Modrić, el internacional croata del Real Madrid. En sexto lugar se encuentra Sergio Ramos, capitán de los merengues. Kylian Mbappé llega finalmente al séptimo puesto con 48 puntos.

El número 29 del PSG está por delante de jugadores como el internacional polaco del Bayern de Múnich Robert Lewandowski, el «bombardero» inglés Harry Kane, los matadores uruguayos Edinson Cavani y Luis Suárez, sus compañeros de selección Antoine Griezmann, N'Golo Kanté y Karim Benzema y su excompañero Radamel Falcao.

Además de los campeones a los que ha destronado con su espectacular media temporada como profesional, Kylian batió otro récord de precocidad. Seis días antes que Michael Owen, es la persona más joven nominada al premio. Y, aparte del exdelantero del Liverpool FC, que fue cuarto en su primera nominación al Balón de Oro en 1998, el prodigio parisino está demostrando que está muy por encima de las estrellas de su edad, tanto de sus contemporáneos como de sus predecesores. Por ejemplo, Cristiano Ronaldo: entró en la clasificación por primera vez en 2004, con 19 años, y tuvo que conformarse con el puesto 12. Messi, con 19 años, fue nombrado por primera vez en 2006 y alcanzó el puesto 20. En 2011, Neymar, que entonces tenía 19 años, acabó décimo. En cuanto a Ronaldo, «el Fenómeno», ganador de dos Balones de Oro, entró en la clasificación en 1995, también con 19 años, pero no pasó del puesto 26.

Nadie, ni siquiera el propio Kylian, podía esperar un resultado así. Cuando apareció la lista de treinta nominados, el chico estableció su propia clasificación y se situó entre el 18 y el 30: «Séptimo, realmente no me lo esperaba… Acabar en el Top 10 en mi primera nominación es extraordinario. Ahora estoy entrando en la gran liga. Siento mucho respeto por todos aquellos jugadores que veía en la televisión o con los que jugaba en la consola no hace tanto tiempo. Es extraño…», declaró Kylian a *France Football*. Es extraño, es cierto, tanto que el joven prodigio se considera un poco como un niño frente a tantos campeones, pero sin parecer un intruso entre los grandes. Por supuesto, como señala su padre, todo ha ido a la velocidad de la luz; quizás todo ha sido demasiado rápido, pero Kylian no es de los que se asustan.

20 de diciembre de 2017: el Principito celebra su decimonoveno cumpleaños. Para la ocasión, decide teñirse el pelo.

Se dirige al 235th Barber Street de Boulogne, peluquería que ha peinado a Alphonse Areola y Julian Draxler (PSG), así como a

Kwadwo Asamoah, Douglas Costa y Blaise Matuidi (Juventus), y a Tiémoué Bakayoko (Chelsea). Y se tiñó el pelo de blanco, un nuevo aspecto que adoptó tras el rubio del verano y que mostró primero en la cuenta de Instagram de su peluquero. Con los brazos cruzados bajo las axilas, adopta la pose que suele adoptar para celebrar sus goles. Con su gorra roja de Nike y su chándal del PSG, su nuevo color tampoco ha pasado desapercibido en el Camp des Loges, donde está causando sensación entre sus compañeros.

Las risas de Neymar, las bromas y el tradicional coro de cumpleaños feliz le acompañan mientras sopla la pequeña vela de su pequeña tarta de fresas. Esa misma noche, celebrará su cumpleaños en el Parque de los Príncipes. La 19ª jornada del campeonato cae en su 19º cumpleaños: la oportunidad soñada para destacar.

En el minuto 21, Kylian regateó a dos rivales, aceleró por la banda derecha, pilló desprevenido a Da Silva, levantó la vista, vio a Cavani en el área y le cedió el balón. El uruguayo concluye con un taconazo a lo Madjer. ¡Sensacional! 1-0 para el PSG. 57 minutos: Neymar, con un vendaje en la cara, recoge un balón en la izquierda; alimenta a Lo Celso, que se mete en el área, se acerca a la portería rival y cruza. Mbappé remata de volea con la izquierda y marca sin dar oportunidad al portero del Caen, Vercoutre.

Este partido, el último del año, termina con un resultado de 3-1 para los parisinos. Kylian es el hombre del partido. Termina su mes de diciembre a lo grande: cuatro goles y tres asistencias en cinco partidos. Celebró un año de locura: 33 goles con su club y su país en todas las competiciones (20 con el Mónaco, 12 con el PSG, 1 con los Bleus). Además, fue nombrado máximo goleador del año en Francia, por delante de Alexandre Lacazette, que marcó 32 goles con el Olympique de Lyon y el Arsenal. También está por delante de Antoine Griezmann, que marcó 29 goles con el Atlético de Madrid. Con 10 goles en la Liga de Campeones, Mbappé se convierte en el jugador más joven en alcanzar tales cotas. Puede volar a Doha, la capital catarí, para la concentración invernal del PSG. 2017 ha sido su año, como muestra un estudio de Pressedd. Kylian Mbappé es el deportista francés más citado por los medios de comunicación durante 2017: ¡nada menos que 44.056 veces! Ocupa el primer puesto de la clasificación por delante de Didier Deschamps, Rudi García y Zinédine Zidane. Y pensar que en 2016, el chico de Bondy estaba en el puesto 219...

18

UN HAT-TRICK PARA OLVIDAR A RONALDO

E l PSG no tenía tiempo que perder. Para preparar lo que estaba por venir, Kylian y sus compañeros de equipo volaron a Qatar tras el último partido oficial del año contra el Caen. Es en Doha donde el club de la capital francesa se instalará a finales de diciembre para una miniestancia de tres días. Tras una primera mitad de temporada prometedora, los directivos han decidido hacer todo lo posible para dar un golpe en el planeta fútbol en 2018.

El viaje exprés a Oriente Medio es ante todo una campaña de comunicación hábilmente orquestada por los patrocinadores. Los jugadores se transforman en representantes comerciales de lujo y se dejan ver por toda la ciudad en diversas operaciones de marketing. La más espectacular reunió a la MCN y al capitán Thiago Silva en un improbable partido de pelota de tenis jugado en pleno Golfo Pérsico en una plataforma flotante transformada en campo de fútbol. La imagen es magnífica con las cuatro estrellas reunidas en la bahía de Doha con sus imponentes edificios.

Kylian se encuentra a sus anchas —se muestra en las redes sociales vestido de emir— y demuestra, una vez más, sus cualidades de adaptación. En Qatar lo encontramos como en sus inicios en el Mónaco, risueño y despreocupado, en un vídeo en el que muestra su complicidad con Neymar cuando va a los campos de entrenamiento en un carrito de golf. El joven de Bondy también demuestra su profesionalidad a la hora de repasar sus primeros seis meses en la capital francesa ante la televisión mundial. ¿La MCN?

«Cavani es el mejor delantero del mundo, y Neymar va camino de convertirse en el mejor jugador del planeta, sólo puedo aprender y progresar de ellos». ¿La vida parisina?

«Ya no puedo salir, sólo puedo quedarme en casa… Sobre todo, hay un cambio de dimensión, ¡te conviertes en una estrella, dicho sea entre comillas!» ¿Y la Liga de Campeones? «Sabemos lo que valemos, pero sobre todo sabemos lo que tenemos que hacer para ganar una competición así. Cada vez hay más equipos capaces de ganarla y nosotros somos uno de ellos».

Sin embargo, no se dijo ni una palabra en la rueda de prensa sobre el próximo enfrentamiento con el Real Madrid de su ídolo de la infancia, Cristiano Ronaldo. Pero desde el sorteo de los octavos de final de la Liga de Campeones, celebrado el 11 de diciembre en la sede de la UEFA en Suiza, el duelo ha levantado gran expectación en la opinión pública, que ya imagina un traspaso de poderes entre ambos. Sin embargo, Kylian estaba decidido a evitar al bicampeón y hubiera preferido enfrentarse al FC Basilea suizo en esta fase de la competición. En cuanto vio el nombre del club español en la pantalla del televisor, no pudo contener su decepción. «No es posible…», dijo antes de recomponerse rápidamente ante la cámara que le seguía para un documental de un canal francés: «Venga, vamos, hay que luchar…».

Durante su breve estancia en Doha, Kylian aceptó sin embargo hablar de este doble enfrentamiento entre los dos pesos pesados del fútbol europeo en una entrevista con *Marca*. El diario deportivo más popular de España le dedicó su portada el 27 de diciembre bajo el evocador titular: «Vamos al Bernabéu a dejar un mensaje al mundo». A lo largo de la entrevista, el internacional francés muestra su ambición. He aquí algunos extractos seleccionados:

«Somos dos de los mejores equipos del mundo. Han ganado dos Ligas de Campeones seguidas y nosotros estamos creciendo [...] Este es un partido que puede marcar nuestra historia contra el vigente campeón y estamos todos muy motivados». «¿Ronaldo? Es un ídolo de mi infancia y fue bonito conocerle cuando visité Valdebebas. Pero yo soy un competidor, y una persona competitiva lo que quiere es ganar, ganar y ganar. Así que poco importa quién esté enfrente nuestro, lo que queremos es ganar. Me encantaba cuando era niño, pero eso se acabó. Ahora voy al Bernabéu a jugar y a ganar».

No hizo falta mucho más para lanzar esa ronda de octavos de final y confirmar el creciente apetito del club número uno de Francia y de su joven delantero: «En pocos días, el PSG se dio un auténtico paseo con la gira de Qatar y la entrevista a Mbappé en España —afirma una persona cercana al club parisino—. Demostraba todo el poder financiero y la capacidad de comunicación del club. Sobre todo, confirmaba las nuevas ambiciones deportivas del club, a imagen del discurso de su joven nuevo fichaje. Hay que decir que en aquel momento al Real Madrid no le iba bien en la Liga y Zinédine Zidane estaba siendo muy criticado. Muchos en Francia pensaron que era el sorteo ideal para el PSG, pero fue un espejismo...».

En la ida de los octavos de final en el estadio Santiago Bernabéu de Madrid, Kylian está lejos de estar en plena forma: si bien empezó el año con un doblete y dos asistencias en el campo del Rennes en el estreno de su equipo en la Copa de Francia (1-6), luego se mostró muy discreto, marcando sólo un gol contra el Dijon en la liga el 17 de enero. El exjugador del AS Mónaco jugó muy poco y sufrió una serie de duros golpes: primero, un traumatismo craneal el 21 de enero en un violento choque con el portero del Olympique de Lyon Anthony Lopes, y luego vio la primera tarjeta roja de su carrera profesional el 30 de enero en Rennes, en las semifinales de la Copa de la Liga, tras un feo golpe con el pie en la pantorrilla del extremo izquierdo Ismaïla Sarr.

«Siempre es mejor jugar, eso está claro, pero no creo que sea un problema. Tengo el ritmo y estaré fresco», aseguró Kylian a pocos días del partido de ida en el Santiago Bernabéu. El 14 de febrero fue titular contra el Real Madrid. Su inicio de partido fue tímido, por no decir otra cosa, pero en el minuto 33 fue el causante del primer gol: desde su banda derecha, Kylian envió un centro que fue mal defendido por Nacho... Adrien Rabiot apareció para castigar a Keylor Navas. 0-1.

La inspiración de Kylian fue el primer paso en su duelo a distancia con Cristiano Ronaldo. No hace falta mucho para picar al portugués...

El cinco veces ganador del Balón de Oro puso el empate en el marcador en los últimos instantes de la primera parte al transformar un penalti con un potente disparo. 1-1. Turno de Kylian en la segunda parte: el servicio de Neymar es impecable, pero su disparo carece de precisión y Navas lo empuja fuera. ¡Fue un error! Fue una gran oportunidad, y decisiva, porque al final del partido, Ronaldo marcó un segundo gol con la rodilla y Marcelo hizo el 3-1. El número 29 del PSG se sintió decepcionado, sobre todo porque, en los últimos instantes del partido, tuvo la oportunidad de hacer el 3-2, que habría dado un nuevo impulso a esa ronda de octavos, pero el portero costarricense del Real volvió a ganar el duelo.

Kylian no necesita esperar el veredicto de los medios de comunicación para saber que se ha perdido el partido. El periódico *L'Équipe* le dio una puntuación de 4 con este comentario: «Debería haber sido mucho más efectivo. Tuvo ocasiones para marcar. Ya sea por la precipitación o por la falta de acierto, no las supo concretar». El joven delantero parisino sólo tiene una cosa en mente: tomarse la revancha quince días después en el Parque de los Príncipes y unirse a sus ilustres mayores Raí, Valdo y Ginola, que remontaron dos goles contra el Madrid en 1993 para ganar el partido de vuelta de los cuartos de final de la Copa de la UEFA por 4-1. Lamentablemente, los preparativos para el partido de vuelta de los octavos de final se vieron empañados por nuevos contratiempos: el 25 de febrero, Neymar sufrió una grave lesión en el campeonato de Francia y tuvo que retirarse por el resto de la temporada. Tres días después, le tocó a Kylian lesionarse en el minuto 46 contra el Olympique de Marsella. Con una lesión en el tobillo, sería duda por un largo tiempo.

«El club quería que jugara —dijo Kylian más tarde en un documental de Canal+— y, con mi familia, no queríamos correr ningún riesgo. Finalmente, después de pensarlo mucho, decidimos que yo jugaría».

Aunque Kylian no esté al 100%, la elección no está lejos de dar sus frutos… El 6 de marzo, en un Parque de los Príncipes al rojo vivo, Kylian tuvo la oportunidad de dar la vuelta al partido en el minuto 43. Con el marcador aún 0-0, recibió un balón perfecto en el área por la derecha y, por una vez, la defensa madridista le dio un respiro. Cavani estaba en la posición perfecta en el primer palo para recibir un servicio, pero Kylian eligió una opción diferente… Probó suerte con un disparo repentino y cruzado, pero, como en el partido de ida, Navas lo rechazó. El muchacho de Bondy se agarró la cabeza con las dos manos mientras su compañero uruguayo expresaba su descontento… Aunque todo fue muy rápido, está claro que Kylian no tomó la decisión correcta. «En dos partidos, malogró tres ocasiones para ganar el partido y demostró la distancia que aún le separa de Cristiano Ronaldo. El astro portugués abrió por fin el marcador al principio de la segunda parte y puso fin al suspense con su tercer gol contra el PSG. Estuvo totalmente acertado en el doble enfrentamiento, mientras que Kylian fue demasiado blando en la definición».

Tras una nueva derrota por 2-1 y una dura eliminación de la Liga de Campeones que le costó al club cerca de 13 millones de euros, el análisis de ese exjugador parisino es bastante indulgente en comparación con los comentarios duros y burlones de ciertos medios de comunicación. Eurosport: «No ha justificado las expectativas puestas en él. Frente a su ídolo Ronaldo, ha podido ver lo que le falta para estar en el máximo nivel».

So Foot: «Esta noche la tortuga se parecía más a Franklin que a Donatello. Sabe contar de dos en dos y atarse los zapatos, pero cuando se trata de dársela a Cavani, no hay nadie».

«El juicio a Kylian fue injusto —dijo Lassana Diarra, excentrocampista del Real que llegó al PSG durante el periodo de fichajes de invierno, al final de la temporada—. De todos nuestros delanteros, era el que más jugaba para los demás. Cuando podía marcar, siempre hacía el pase correcto. Además, si no hubiera tenido ese sentido del trabajo en equipo, podría haber marcado diez goles más este año».

En sus últimos tres meses con el PSG, Kylian marcó otros tres goles en la liga francesa —uno contra el Metz y dos contra el Angers—, marcó un doblete en la semifinal de la Copa de Francia contra el Caen (1-3) y dio dos asistencias en la final de la Copa de la Liga en Burdeos contra el AS Mónaco. El 31 de marzo, contra su antiguo club, Kylian ignoró los silbidos y abucheos de la afición rojiblanca para asistir a Di Maria y Cavani en el 3-0.

Aunque Kylian no destacó individualmente al final de la temporada, fue capaz de conseguir un primer triplete nacional con el PSG: su primera victoria en la Copa de la Liga fue acompañada por un segundo título consecutivo del Campeonato de Francia, que ganó con facilidad por delante del Mónaco y el Lyon, y una victoria en la Copa de Francia contra el club de la 3ª división Les Herbiers (2-0).

Kylian terminó su primera temporada en el París Saint-Germain con 21 goles y 16 asistencias, y un segundo premio consecutivo al mejor debutante de la liga francesa. Bastante alentador cuando juegas al lado de jugadores consagrados como Cavani o Neymar, acostumbrados a dejar las migajas a sus compañeros de ataque. Su nueva fama le ha abierto las puertas del Museo Grévin. «Es un orgullo

poder entrar aquí, en medio de todos estos ídolos, de toda esta gente que inspira a la sociedad, que me ha inspirado y que me sigue
inspirando», declaró Kylian el 18 de mayo, cuando se desveló su
doble de cera. Cristiano Ronaldo había inaugurado el suyo dos años
antes…

19

A LA DERECHA DEL REY PELÉ

La temporada aún no había terminado. Falta la guinda del pastel. «En el Mundial estarán todos los mejores jugadores, los más grandes, es una oportunidad para demostrar lo que puedes hacer, tus habilidades, y no hay mejor lugar que el Mundial para eso».

Kylian ya era consciente del increíble reto que le esperaba en Rusia cuando a finales de mayo vio su cara en la convocatoria de 23 hombres de Francia de Didier Deschamps. En la delantera, figuraba junto a Dembélé, Fekir, Giroud, Griezmann, Lemar y Thauvin. Ni Lacazette, ni Coman, ni Martial, y mucho menos Karim Benzema.

Su presencia no es una sorpresa. Desde la clasificación lograda contra Bielorrusia el anterior octubre, ha sido titular en todos los partidos amistosos de los Bleus en 2018 y ha sido decisivo en todas las ocasiones: asistencias de gol contra Gales, Alemania y Colombia, e incluso un primer doblete a finales de marzo en una victoria por 3-1 sobre el país anfitrión en San Petersburgo.

«Contra Rusia, jugó claramente su mejor partido desde su debut en la selección —explica un seguidor del equipo francés—. De hecho, estuvo increíblemente tranquilo en los dos goles que marcó. Ese partido dejó su huella en los espectadores y dio lugar a una escena bastante cómica a la salida del vestuario: mientras estaba respondiendo a las preguntas de la prensa, Olivier Giroud vio de repente cómo todas las cámaras se apartaban de él porque los periodistas no querían perderse la reacción de Mbappé. Eso no gustó mucho a Giroud, pero ¿qué se le va a hacer? ¡Las cosas son como son! Kylian siguió afirmándose en el equipo francés durante el mes de mayo con un nuevo pase decisivo contra la República de Irlanda y un gol contra Estados Unidos en el último partido de preparación antes de volar a Rusia».

El 16 de junio, el delantero del París Saint-Germain llegará por fin al Mundial. Podrá participar en la competición que le ha guiado desde que empezó a jugar al fútbol con el AS Bondy. En el primer partido del grupo C, se mostró seguro de su fuerza contra Australia. Es titular en el calor del estadio de Kazán, con el número 10 a la espalda. Un número que tiene desde el mes de marzo y que le permite seguir los pasos de los más grandes jugadores franceses: Michel Platini en los años ochenta y, sobre todo, Zinédine Zidane, el héroe de todo un país veinte años antes, cuando los Bleus ganaron su primer título en 1998.

Aunque no figurase entre los favoritos junto a España, Brasil y la defensora del título, Alemania, se espera que Francia sea una selección a tener en cuenta, a condición de que sus jóvenes Ousmane Dembélé y sobre todo Kylian Mbappé estuvieron presentes. Ya en el minuto 2, Kylian inicia su primera carrera. A la aceleración por la derecha le sigue un disparo que es desviado por el portero australiano. ¡El Mundial estaba empezando bien! Pero fue su única oportunidad en el partido. El exjugador del AS Mónaco decepcionó, al igual que los demás jugadores, tras imponerse a duras penas en el partido por dos goles a uno. Le faltó claramente puntería en ataque y su trabajo defensivo volvió a dejar que desear.

Sin embargo, hará falta algo más para que Deschamps deje a la joya del París Saint-Germain en el banquillo. Cinco días después, Kylian sigue siendo titular en la selección francesa para un segundo partido que ya se antoja decisivo ante una selección de Perú que está entre la espada y la pared tras su derrota ante Dinamarca. En el estadio de Ekaterimburgo, con su gran tribuna a cielo abierto, Kylian está esta vez activo y no duda en echar una mano a Benjamin Pavard, situado justo detrás de él en la banda derecha. Por fin vemos al jugador imprevisible que se reveló el año anterior con el Mónaco en la Liga de Campeones; el que multiplica los desmarques y los regates, que no acierta en todo, pero que lo intenta, participa en el juego, propone soluciones ¡y marca! En el minuto 34, Kylian apareció en el segundo palo para prolongar el disparo de Giroud a puerta vacía, después de que el portero peruano lo hubiera desviado. Seguro que no se imaginaba que iba a marcar tan fácilmente en la Copa del Mundo. Su quinto gol con la selección le permitió dar la victoria a Francia por 1-0 y convertirse, con 19 años y 6 meses, en el goleador francés más joven de la competición. Es mejor que sus compatriotas Zidane, Henry y Trezeguet, y se queda cerca de otras leyendas como Michael Owen, Lionel Messi o el Rey Pelé, que había hecho temblar las redes a los 17 años a finales de los años 50.

Para el coro de alabanzas y la comparación con el prodigio del fútbol brasileño, tendremos que esperar un poco más. En concreto, al 30 de junio. Después de quedar primeros del Grupo C tras un decepcionante empate a cero con Dinamarca, los franceses se van a enfrentar al equipo de Lionel Messi, finalista en Brasil en 2014 y que se clasificó *in extremis* en el Grupo D por detrás de Croacia. Aquel Francia-Argentina de Kazán es claramente el gran partido de los octavos de final, y Kylian lo hará suyo...

Pero ¿qué pasaba por su cabeza en el minuto 13 cuando recogió el balón a unos 30 metros de su portería, emprendió una carrera increíble, se deshizo de dos jugadores, se deshizo de Javier Mascherano en el borde del círculo central antes de volver a poner el balón en movimiento en los últimos 35 metros, esta vez superando a Marcos Rojo y obligando al defensa argentino a que le haga una falta en el área? Sólo el hijo de Bondy, la ciudad de todas las posibilidades, está en condiciones de decirlo, aunque no se pueda explicar el genio. Con Kylian, sólo el talento habla por sí mismo: como en el minuto 64, cuando dio a los franceses una ventaja de 3-2 colocando el balón fuera del alcance de Franco Armani, o de nuevo cuatro minutos después, cuando puso a su equipo definitivamente fuera del alcance de los argentinos con un derechazo impecablemente cruzado.

Dos goles y un penalti, Kylian no sólo es elegido hombre del partido de aquel Francia-Argentina (4-3), ya es para el planeta fútbol la revelación del torneo...

Franco Baresi, finalista de la Copa con Italia en 1994, lo califica de «fenómeno». «Mbappé es como el joven Luke Skywalker. Sabes que tarde o temprano dominará el mundo. Es una bestia», vaticinaba el español Álvaro Arbeloa, campeón del mundo en 2010. «Ya lo he dicho antes, pero Kylian Mbappé será la próxima superestrella del fútbol mundial», dijo el inglés Gary Lineker, máximo goleador del Mundial de 1986. Pero eso no es todo: el argentino Jorge Valdano, que ganó la Copa del Mundo con Maradona en México ese mismo año, deja a un lado su decepción y elogia al joven francés en su columna de *The Guardian*: «Fuerte como el acero, rápido como el viento, ha elegido comenzar su revolución el día en que Messi y Cristiano Ronaldo han abandonado la Copa del Mundo. Ha irrumpido de forma fulgurante en la historia del fútbol, borrando todo lo anterior. No hemos visto tanta velocidad desde Ronaldo, el brasileño».

De hecho, en la acción que dio lugar al penalti convertido al principio del partido por Antoine Griezmann, Kylian fue cronometrado a 37 km/h. «37» será su nuevo apodo en el vestuario. Y eso no es todo: Kylian se convierte en el segundo jugador menor de 20 años que marca un doblete en un Mundial. Sólo el Rey Pelé había logrado tal hazaña en 1958, en la final contra Suecia, por lo que la leyenda brasileña también saludó al niño prodigio:

«Felicidades @KMbappé, 2 goles en un Mundial tan joven. Estás en buena compañía. Buena suerte para los próximos partidos. Excepto contra Brasil».

El deseo de Pelé se hará realidad. Kylian ni siquiera tendrá que poner en aprietos a la defensa canarinha y pasar por un duelo fratricida con su compañero del PSG, Neymar. En los cuartos de final, Francia se impuso a la dura selección uruguaya (2-0), luego, en las semifinales, se enfrentaron al verdugo de Brasil, Bélgica, con una nueva victoria francesa (1-0). En esos dos partidos, cerrados e indecisos, Kylian no destaca e incluso recibe una tarjeta amarilla por una acción antirreglamentaria contra los belgas. Sin embargo, es valioso por su capacidad para iniciar los contragolpes y aportar su toque técnico en el dispositivo de hierro establecido por Deschamps. Un gesto del parisino contra los Diablos Rojos de Eden Hazard volvió a levantar la admiración general: un brillante taconazo el 10 de julio en San Petersburgo a Olivier Giroud. La alfombra roja se desplegó de nuevo: «¿Cómo se defiende a Mbappé? —se preguntaba el exdefensa internacional inglés Rio Ferdinand en directo en la BBC—. Miras al cielo y pides ayuda». Y aquella genialidad despierta también la admiración de los jugadores geniales, como el holandés Patrick Kluivert (máximo goleador de la Eurocopa 2000): «Qué jugada de Kylian Mbappé. A su edad muestra unas habilidades increíbles al más alto nivel». Y la del dios viviente, Diego Maradona: «De veras que me gusta mucho. Para mí es la revelación del Mundial».

A Kylian sólo le queda dar un último paso para hacer historia y poner a todos de acuerdo. Será durante la final en el Estadio Luzhniki de Moscú el 15 de julio de 2018. Frente a Croacia, que acababa de vencer a Inglaterra (2-1), se le veía sereno y decidido cuando los dos equipos saltaron al campo. Ni asomo de que sintiera superado por la emoción durante los himnos o inquieto por cualquier temor. Los sueños de Kylian siempre han convivido con la realidad. En el primer tiempo, el niño de Bondy tocó muy pocos balones porque estaba muy vigilado por la defensa croata. El equipo de Modrić había entendido que el torbellino del PSG era el peligro ofensivo número uno. Y no se equivocaban, porque en los raros balones que le llegaban, Kylian parecía capaz de marcar la diferencia cada vez. Algo que no pasó desapercibido para Didier Deschamps. Aunque iban ganando 2-1 en el descanso, el técnico francés animó a su equipo a confiar más en su número 10 y a aprovechar mejor sus desmarques al espacio. El efecto fue inmediato.

59 minutos: Kylian recoge un balón enviado en profundidad, entra en el área, se lleva a Ivan Strinić y consigue devolverle el balón a Griezmann, que habilita a Paul Pogba. El centrocampista del Manchester United marcó con la izquierda en un segundo remate (3-1).

65 minutos: Lucas Hernández corre por su carril para servir a Kylian, que está en el centro del terreno a 25 metros de la portería. Por una vez, tiene tiempo de controlar, mirar la posición de Danijel Subašić y enviar el balón con la derecha junto al poste de su antiguo compañero en el AS Mónaco. El balón rebotó una vez antes de golpear el fondo de la red (4-1).

En seis minutos y dos acciones, el delantero parisino inclinó la balanza de la final. El error de Lloris en el gol de Mandžukić no afectó a la victoria por 4-2. Veinte años después de la generación de Zizou, la selección francesa se proclama campeona del mundo de fútbol. Kylian termina la competición con cuatro goles y el trofeo al mejor jugador joven. A los 19 años, había ganado el Santo Grial y cumplido su sueño de la infancia. En el campo de Luzhniki, el niño de Bondy se invita a sentarse a la mesa de los grandes. No da excesivas muestras de alegría, sino una amplia sonrisa y una primera reacción en la televisión francesa que dice mucho de él como persona: «Ha sido un largo camino, pero ha merecido la pena. Somos campeones del mundo y estamos muy orgullosos. Queríamos hacer feliz a la gente y por eso hemos hecho todo esto.

Siempre he dicho que no quería ser un futbolista de paso...». Y, si es posible, estar lo más cerca posible del Rey Pelé, el único antes de él que ha marcado en una final de la Copa del Mundo sin haber cumplido 20 años.

20

EL NIÑO CRECE

Tres de diciembre de 2018, al borde del Sena, frente a los campos Elíseos, brilla el Grand Palais. Un palacio de hierro, acero y cristal construido para la Exposición Universal de 1900. El edificio alberga muestras de grandes artistas, desde Picasso a Hopper. Esa noche, para la sexagésimo tercera gala del Balón de Oro, es el escenario de los artistas del balompié. 120 periodistas, 1.500 invitados, todos expectantes ante la coronación del deporte rey. El mundial de Rusia ha marcado el panorama futbolístico y los Bleus son protagonistas de la gala organizada por *France Football*. Entonando el himno francés para celebrar la victoria de Francia en el Mundial «Ramenez la coupe à la maison», aparece el rapero Vegedream. Micro en mano saluda uno por uno a los jugadores de Didier Deschamps, que entre risotadas se divierten con la actuación.

Unas horas antes, a las ocho de la noche, Kylian Mbappé llega a la ceremonia. Acompañado por su padre y su hermano menor, posa ante las cámaras en la alfombra roja. Con esmoquin y pajarita negra, levanta ambos pulgares y, sonriente como siempre, espera ver el premio en manos de un compatriota. Pero la suerte está echada y no hay sorpresas. Luka Modric es el mejor jugador de la temporada. Rompe con el monopolio que se había instaurado entre Messi y Ronaldo desde 2008. Sabor amargo para muchos que, como el seleccionador francés, esperaban que la segunda estrella en la camiseta nacional se viera recompensada con un título individual. Raphaël Varane ocupa el séptimo puesto, Antoine Griezmann el tercer lugar, justo detrás de Cristiano Ronaldo. Kylian, con tan solo 19 años, alcanza el cuarto lugar, pero no se va a casa con las manos vacías, es el campeón del novísimo trofeo Raymond Kopa. La distinción que lleva el nombre del vencedor del Balón de Oro 1958 y premia al mejor jugador de menos de 21 años.

La noche acaba en París con la imagen que ocupará la portada de toda la prensa deportiva al día siguiente, A los lados de Luka Modric levanta el primer balón de oro femenino de la historia Ada Hegerberg, jugadora del Olympique Lyonnais, y Kylian Mbappé señala su trofeo en forma de árbol. Al final de la velada el chico de Bondy se sincera para *France Football*: «Ha habido momentos en los que no he sido determinante. Lo bueno es que me permite ver todo lo que me queda por hacer para conseguir un premio como este. Ganar todo de golpe sería demasiado fácil. Debo trabajar y mantener la cabeza fría. Ningún reto es demasiado grande, tienes que darte los medios para lograrlo». Con respecto al ganador, el futbolista croata añade: «Modric es un ejemplo. Demuestra que cuando se prioriza el colectivo se puede obtener una recompensa individual».

Las palabras de Mbappé no son vacías; lleva varios meses poniendo en práctica la constancia que predica. La temporada ha empezado con resultados esperanzadores. ¿Un ejemplo? La novena jornada de la Ligue 1: 7 de octubre 2018, el PSG se enfrenta al Olympique de Lyon. Un partido de alto nivel en el que los lioneses pretenden derrotar a los capitalinos que llevan imbatidos ocho partidos. Tras el pitido inicial, los jugadores de Thomas Tuchel se ven presionados por los rivales, que aspiran a abrir el marcador. Minuto 7 y el capitán visitante, Nabil Fekir, abandona el césped a causa de una dura entrada de Thiago Silva. Mbappé aprovecha el momento y se va hacia la portería de Anthony Lopes. Es derribado por el guardameta en el área chica y el árbitro pita penalti. Neymar transforma la pena máxima. Con las expulsiones de Kimpembe y Toussart, los dos equipos se quedan con diez hombres y con un marcador de 1-0 al final de la primera parte. Ni siquiera han pasado diez minutos de la segunda parte y Mbappé vuelve a la carga. Recupera un balón suelto cerca del punto de penalti. Lo envía al poste izquierdo, rebota en el otro poste, como si de un pinball se tratara, y entra. Kylian hace además de sacudirse el polvo de la camiseta, y es que la celebración con sus compañeros sabe a reconciliación con el gol, a vuelta de su protagonismo al terreno de juego. Cinco minutos después, Marquinhos asiste y a Mbappé sólo le queda empujar el balón a la portería vacía. Y llega el hat trick del chico de Bondy: Neymar ofrece un pase perfecto para que el joven prodigio pueda dejar atrás a los dos últimos defensas del OL y solo, frente a la portería, eleve el balón por encima de los guantes del cancerbero. La guinda del pastel se produce en el minuto 74. Tiros rechazados, uno después del otro, y el balón va a parar al punto de penalti para que Mbappé dispare entre las piernas de un defensor cerrando el marcador con un cinco a cero. Cuatro goles en 13 minutos, el primero del campeón del mundo en Ligue 1.

El campeonato francés es el patio de Kylian, pero las cosas se le complican en la selección. La resaca mundialista ha acabado y es hora de volver a la realidad. La UEFA Nations League da un disgusto a los Bleus. El 16 de noviembre, en el De Kuip, estadio del Feyenoord, los Bleus caen derrotados 2-0 ante Holanda. Una derrota, la primera tras el Mundial de Rusia, que pudo incluso ser más abultada si no hubiese sido por el guardameta Hugo Lloris. «*La fête est finie*» [la fiesta se acabó], titula *Le Parisien*. «*Retour sur la terre*» [regreso a la realidad], titula *L'Équipe*. Una derrota que le cuesta a Francia el pase a la Final Four de la nueva competición de la UEFA.

24 de enero 2019: el PSG juega el partido de clasificación para octavos de final de la Copa de Francia contra el Estrasburgo. Neymar regala a la afición un recital de filigranas y provocaciones al contrario. Pero los sombreritos y las bicicletas no son del agrado de los defensas rivales que responden con duras entradas. En el minuto 57, Neymar se queja de una vieja lesión en el quinto metatarsiano y pide el cambio. Estará apartado de la cancha durante más de ochenta días. El 9 de febrero, esta vez en un partido de Ligue 1 contra el Girondins de Burdeos, es el «Matador» Edinson Cavani el que sale mal parado. El uruguayo sufre una lesión en el cuádriceps. Con él, dos tercios del tridente de ataque están fuera de juego. Pero Mbappé viene a calmar la preocupación y asegurar a los escépticos que con el tercio restante es suficiente. Como subraya su entrenador Thomas Tuchel, el campeón del mundo «demuestra su cualidad cada día en los entrenamientos, tiene sed por marcar, marcar, marcar. Es un jugador especial». En ausencia de sus compañeros «Kyky» ha asumido todo el protagonismo en el ataque. A principios de marzo acumula, desde la lesión de Neymar, once goles en catorce partidos y siete en cinco encuentros tras la ausencia del charrúa. Mbappé se ha transformado en el pilar fundamental del proyecto del jeque Nasser Al-Khelaïfi. En el encuentro contra el Caen el 2 de marzo es decisivo, la victoria es toda obra suya. Sus dos tantos salvan a un PSG que es adelantado, en el marcador, por el equipo normando. Los tantos del joven parisino no sólo dan la victoria a su equipo sino que también hacen perder una cena a los jugadores del Caen. Su entrenador se la había prometido si lograban mantenerlo alejado de la portería. Nada que hacer. Y cada vez es más difícil mirar para otro lado, obviar los prodigios del francés. Fabio Capello, exentrenador del Real Madrid, lo ve en lo alto del podio mundial como confiesa a la televisión italiana: «Es un futuro balón de oro. Lo tiene todo: potencial, técnica, velocidad… Ahora juega incluso en la punta y ha marcado muchos goles. Es tan rápido que

es imposible para los defensas pararlo. Para mí representa el futuro del fútbol».

Los mejores se miden en las mejores competiciones. Al-Khelaïfi siempre lo supo, y es por ello que el sueño de su proyecto con el París Saint Germain sigue siendo el de ganar la Champions League. A pesar de la ausencia de dos de los atacantes estrella, el PSG quiere dejar atrás la maldición de octavos de final. Y es que el gran estado de forma y los resultados de Mbappé son un soplo de aire fresco para los hinchas ante del partido contra el Manchester United de Solskjaer. Old Trafford, el «teatro de los sueños», hizo justicia a su nombre para que los parisinos pudiesen lograr la primera victoria francesa en la casa de los diablos rojos y la primera de la historia de esta competición que lograba dos goles de ventaja sobre los ingleses. La ida de los octavos de final el 12 de febrero 2019 en Manchester es un ejemplo de dominio futbolístico. Nadie pudo echar en falta a Neymar ni a Cavani porque desde los primeros minutos el ganador del trofeo Kopa amenazaba a De Gea. Estuvo muy cerca de anotar el primero en el minuto 52 con un testarazo que el guardameta despejaba milagrosamente. Ángel Di María, el argentino, no se quedaba atrás y en el minuto 53 ponía desde el córner un centro para que el maestro Kimpembe pudiese enviar el esférico al segundo palo abriendo el marcador. La combinación Rashford-Martial-Pogba de la que tanto se esperaba no fue suficiente para igualar la capacidad goleadora de Mbappé que siete minutos después del primer gol sumaba otro al marcador. Un dos cero que llegaba desde la banda izquierda. Pase de Di María hacia el desmarque del número siete. Kylian toca con elegancia el balón y lo envía a la red de la portería de los Reds Devils. Bajo la mirada atenta de Sir Alex Ferguson y David Beckham, el PSG logra una victoria fundamental para seguir soñando con la Champions Legue.

A pesar de la confianza lograda en Manchester, la remontada azulgrana en el Camp Nou, dos años antes, seguía muy presente en la
memoria de la plantilla parisina. A las vísperas del partido, de vuelta contra los ingleses, que se disputa el 6 de marzo, Thomas Tuchel
recuerda la derrota y advierte que «hay chicos que jugaron en Barcelona y que tienen esa experiencia. Lo que pasó siempre puede volver a pasar». Y lo que tenía que pasar pasó. El sueño europeo del
PSG se tornó en la pesadilla, recurrente, de la remontada. Un año
más, con su derrota, batía récords: ningún equipo había sido eliminado de la Champions tras haber conseguido dos goles de ventaja
fuera de casa. Una derrota doblemente amarga: el equipo inglés llegaba al Parque de los Príncipes con una plantilla huérfana por la
ausencia de Paul Pogba y de Anthony Martial. Un 11 repleto de can-
teranos frente a un PSG reforzado por el retorno de Edinson Cavani.
A pesar de dominar en la posesión, el equipo de Thomas Tuchel
había perdido la inspiración de Old Trafford. En el segundo minuto
de partido, Romelu Lukaku interceptaba un pase de Kehrer para
Thiago Silva, regateaba al guardameta italiano y anotaba el 0-1.
Reacción inmediata del PSG, y en el 12 Juan Bernat empata. Y otra
vez Lukaku, el delantero belga en el minuto treinta, tras un error
garrafal de Gigi Buffon, regala el 2-1 a los suyos. En la segunda mitad
la ventaja de los diablos rojos se amplía con un gol de penalti de
Rashford ocasionado por una mano de Kimpembe. Los parisinos
caen derrotados 1-3, eliminados por tercera vez consecutiva en octavos de final de la Champions League.

El 21 de abril, con la catedral de Notre Dame adornando las
camisetas de sus jugadores como un tributo a la catedral pasto de las
llamas, el Parque de los Príncipes presencia la conquista de la octava
Liga, la sexta desde la llegada del presidente catarí. Aunque el título
es parisino desde el empate de Lille frente a Toulouse, el trofeo tiene
que celebrarse con una victoria en el campo. Una victoria que pusie-
se punto y final a la mala racha contra Estrasburgo (2-2), Lille (5-1)

y Nantes (3-2), que aplazaron el triunfo matemático del equipo de Tuchel. Es un partido alegre, feliz, marcado por la vuelta al campo de Cavani y Neymar. Mbappé sabe celebrarlo. Es el protagonista indiscutible frente al AS Mónaco, el equipo que lo vio crecer. Anota tres goles en la portería de Subasic. El primero en el minuto 15. Diaby espera a la aceleración del delantero y centra el balón para que él con la punta de la bota lo empuje a la red. Un excelente gol, pero Mbappé alza, serio, las manos a la grada y pide perdón a la afición monegasca. Otros dos tantos se añaden a la cuenta del joven de Bondy. Final del partido y Kiki, sonriente, saluda a las cámaras celebrando su triplete. No es su único logro del encuentro: la hazaña lo corona como el jugador más joven de la historia de Ligue 1 en sobrepasar los treinta goles durante una única temporada.

Seis días después se disputa la final de la Copa de Francia contra Rennes. Nadie espera sorpresas. El club bretón no ha ganado la competición desde 1971 y encadena varias finales perdidas. El París Saint Germain, en cambio, ha conquistado el título doce veces. Cuatro de manera consecutiva desde 2015. Parece imposible pensar en la derrota, pero de nuevo, lo imposible queda atrás. El PSG se rinde en los penaltis tras un empate 2-2 en el tiempo reglamentario. Tras la consumación de la derrota, Tuchel se sincera ante los medios: «Es difícil de explicar». Es difícil porque, como en el caso de la vuelta de la Champions, París se ha vestido de gala: la alineación cuenta con todas sus estrellas, Neymar de nuevo titular y el infalible Mbappé siempre presente. El marcador señala el minuto 30 y el partido parece ya decidido. Dani Alves se encargó de anotar el primer tanto con una increíble volea en el minuto 13. La celebra como un gol mundialista, con las manos abiertas al cielo. Neymar demuestra su calidad en el segundo tanto picando el balón por encima del guardameta rival. Todo parece bien encaminado hasta que Kimpembe interpone su pierna en un tiro del ataque bretón y anota en propia puerta. El empate llega con un testarazo de Mexer en el minuto 66.

Desde el segundo gol de Rennes, el PSG no vuelve a encontrar la portería rival. Tampoco a Mbappé le salen las cosas bien: intenta buscar el gol varias veces en vano, se topa incluso con el palo derecho en el minuto 98. Fruto de la tensión, comete una grave falta sobre Da Silva un minuto antes de la tanda de penaltis. Le cuesta la expulsión. Y tres partidos de suspensión. Neymar, encolerizado, propina un golpe en la cara a un aficionado durante la recogida de las medallas. La condena es la misma que para Kylian.

La temporada ha estado marcada a nivel colectivo por múltiples decepciones. Primero, la copa de la liga en enero: el PSG pierde 1-2 frente a Guingamp en cuartos de final, después la derrota en Champions y por último en la Copa de Francia contra Rennes. Pero para Mbappé, a nivel individual, el panorama es bien distinto. Suma treinta y tres goles en Ligue 1, es el segundo mejor goleador europeo, sólo por detrás de Lionel Messi (36 tantos). La sanción de tres días impuesta le impide poder superar al argentino y lograr la bota de oro. Sin embargo, sus estadísticas rompen récords. Es el pichichi de la Ligue 1, el más joven desde Karim Benzema que, durante la temporada 2007/2008, marcó veinte goles con la camiseta del OL. Es también el primer goleador francés en superar los treinta goles desde Philippe Gondet, jugador del FC Nantes en el año 1965. En la gala de los premios UNFP, Kylian es el primer jugador en ser coronado simultáneamente mejor promesa y mejor jugador del campeonato. Con ocasión de estos premios, Kylian se confiesa, dice haber llegado a uno de los momentos decisivos de su carrera, siente que es el momento de tener más responsabilidades pero no aclara si en el París Saint Germain o en otro proyecto. Sus declaraciones tienen a la prensa internacional en vilo, expectantes de un posible traspaso a uno de los grandes clubes de Europa. Algunos medios apuntan al Real Madrid. El jugador francés encaja perfectamente en el proyecto galáctico de Florentino Pérez y Zidane, pero el precio a pagar, 280 millones según el diario francés *L'Équipe*, es demasiado alto y la directiva blanca quiere mantener la buena relación con la catarí. Pese al deseo de una afición madridista que corea su nombre en la presentación de Eden Hazard, el traspaso no se da en el verano de 2019. Nasser Al-Khelaïfi lo confirma a *France Football*: «Mbappé estará al 200% en el PSG la próxima temporada». A cambio de eso Kylian exige más protagonismo, ser tratado adecuadamente a su importancia en el club y no quedar a la sombra de un Neymar ausente en los momentos decisivos de las dos pasadas temporadas. Las cartas no están aún echadas, las divergencias entre la estrella del equipo de Tuchel y la directiva están en boca de todos y la puerta parece entreabierta para el año 2020. *Marca* anuncia que Mbappé tendría intención de no renovar el contrato que lo ata a su club hasta 2023. El fichaje por el Real Madrid sigue en marcha. Y todos esperan que en 2020 algo ocurra.

21

TEMPORADA INACABADA

Kylian todavía está en el París-SG cuando celebra su 21 cumpleaños. ¡Ese 20 de diciembre de 2019 es aún más alguien de la Ile-de-France que nunca! La ciudad de Bondy acaba de hacerle un obsequio acorde con la «desmesura» de su talento: aparece por tercera vez en la fachada de la residencia Potagers que da a la autopista A3[1]. En el nuevo mural, que cubre todo el edificio de diez pisos, el campeón local está representado de niño, con el traje verde del AS Bondy a la espalda, soñando en su cama con sus futuras hazañas en la selección de Francia. El trabajo auspiciado por el fabricante de equipos Nike se enmarca en el lanzamiento de su nueva marca de ropa y calzado de fútbol denominada «Bondy Dreams». La gigantesca pintura está acompañada por el lema «Ama tu sueño y él te amará».

Precisamente, Kylian aún tiene sueños en la cabeza con los Bleus: pretende brillar del 12 de junio al 12 de julio en la Eurocopa 2020, y por qué no continuar en agosto con los Juegos Olímpicos de Tokio.

---

1. Después de la famosa «Bondy, ciudad de todas las posibilidades» exhibida en 2017, un nuevo mural había visto la luz en medio de la Copa del Mundo de 2018. Kylian estaba representado allí con una bandera tricolor con el mensaje: «1998 fue un gran año para el fútbol francés. Nació Kylian».

Pero, sobre todo, sigue obsesionado con la búsqueda de una primera corona en la Champions League.

La víspera de su cumpleaños inauguró su nuevo corte de pelo con peróxido con un gol y una asistencia ante el Le Mans FC en los octavos de final de la Copa de la Liga. Cuatro días después, fue coronado por segunda vez consecutiva por *France Football* como «jugador francés del año» por delante de Karim Benzema y Antoine Griezmann. Un trofeo que venía a paliar la decepción de su sexto puesto, a principios de diciembre, en el Balón de Oro 2019[2] y de una primera parte de la temporada marcada por problemas físicos.

El 25 de agosto de 2019, en la 3ª jornada de la Ligue 1, el número 7 debe abandonar el campo en el minuto 66 de juego ante el Toulouse debido a un desgarro en el muslo izquierdo. Una lesión muscular que le mantendrá alejado de los campos más de un mes y que pondrá de nuevo sobre la mesa la gestión de su pretemporada donde, una vez más, el delantero francés no ha tenido tiempo de respirar. En junio viajó a Estados Unidos durante cuatro días, con un representante del PSG para promover su imagen internacional. Durante su viaje a toda velocidad por la costa oeste, visitó la sede de Nike en Beaverton, Oregón, probó suerte con el béisbol ante los Dodgers de Los Angeles y los Cubs de Chicago, fue testigo de la coronación de los Toronto Raptors en el último partido de las finales de la NBA y ofreció un *grand cru* de vino de Burdeos a la estrella de los Lakers, Lebron James. Luego, su gira promocional continuó al otro lado del Pacífico, en Japón, para formalizar una asociación con Bulk, una marca japonesa especializada en el cuidado de la piel masculina[3].

---

2. Está dos puestos por debajo en comparación con el ranking de 2018, incluso si es el mejor francés por primera vez. Le anteceden Lionel Messi, Virgil Van Dijk, Cristiano Ronaldo, Sadio Mané y Mohamed Salah.

3. Kylian ya tenía contrato con Nike, Hublot y Good Goût.

Dado este calendario loco, Kylian esperaba beneficiarse de una semana adicional de descanso, pero los directivos del París Saint-Germain se negaron a otorgarle ese privilegio. Regresó al equipo, por tanto, como los demás, el 8 de julio de 2019, tras sólo dos semanas de vacaciones efectivas y prosiguió con un viaje a China a principios de agosto, coronado con su primer gol de la temporada en la victoria por 2-1 sobre el Stade Rennais. en un Champions Trophy reubicado en Shenzhen.

Esta primera lesión muscular enfadará al clan Mbappé, convencido de que tal contratiempo es consecuencia de la falta de descanso. Igual de molestos estarán sus familiares contra los dirigentes del «club de la capital» cuando recaiga en el segundo partido tras su recuperación. Tras 29 minutos ante el Galatasaray en Champions, el delantero se encuentra de nuevo en el dique seco, esta vez durante tres semanas.

Sin embargo, en otoño, las relaciones se calmarán con el regreso en forma del campeón del mundo. En el campeonato de Francia, Kylian anotó 14 veces hasta finales de febrero. También es decisivo en copas nacionales (6 goles y 5 asistencias) con un hat trick en una exhibición en las semifinales de la Copa de Francia ante el Olympique de Lyon (1-5).

El número 7 brilla especialmente en la Champions League. El 22 de octubre de 2019 es indetectable en el Jan-Breydel Stadion en la tercera jornada del Grupo A ante el Club Brugge: saliendo desde el banquillo en el minuto 52, encontró la forma de anotar tres veces y darle un balón de gol a Mauro Icardi en apenas 31 minutos sobre el césped. A pesar de que en noviembre sus aductores habían causado preocupación, el prodigio del Bondy renovó su actuación el 5 de diciembre en el Parque de los Príncipes, durante una nueva victoria por 5-0 sobre el Galatasaray en la 6ª y última jornada de la fase de grupos: esta vez, sólo marcó un gol (a pase de Neymar), pero confirmó su sentido colectivo al dar tres asistencias a Icardi, Pablo Sarabia y Edinson Cavani.

Tras una breve estancia en el centro médico Aspetar de Doha durante el parón invernal, Kylian está preparado para afrontar el sprint final... El 18 de febrero de 2020, su equipo se vio emplazado en la ida de los octavos de final de la Champions League: frente a la «pared amarilla» del Signal Iduna Park, el campeón francés perdió 2-1 contra el Borussia Dortmund. Pese a una asistencia de Neymar, el francés perdió su duelo desde la distancia con el nuevo delantero del club alemán, Erling Haaland, llegado en enero procedente del RB Salzburg. El delantero noruego, dos años menor que él, marcó los dos goles del BVB y su potente actuación eclipsó por completo a las estrellas parisinas.

El PSG se encuentra casi «sin red» cuando se acerca el regreso de los octavos de final al Parque de los Príncipes. Los jugadores de Thomas Tuchel tendrán que batir a un rival sólido y sobre todo ignorar el contexto... ¡El 11 de marzo de 2019 se jugó la segunda ronda en un estadio vacío!

La epidemia de COVID-19, que comenzó en diciembre en China, ahora está afectando a muchos países europeos. Para contener la propagación del virus, la UEFA ha decidido continuar la competición a puerta cerrada. En este ambiente surrealista, el PSG aún hizo el «trabajo» al marcar dos goles de Neymar y Juan Bernat (2-0). Víctima de una angina, Kylian solo participó en los últimos treinta minutos del encuentro. El PSG está en los cuartos de final de la Champions League. Pero, unos días después, el telón se cierra para varios meses.

La situación sanitaria se ha deteriorado aún más. Europa se ha convertido en el nuevo foco central de la epidemia. Francia es uno de los países más afectados junto con España e Italia, donde los muertos ahora se cuentan por miles. El 17 de marzo de 2020, el presidente francés, Emmanuel Macron, decretó el confinamiento. En los últimos días, el deporte ha quedado cancelado: se suspendieron los campeonatos de Europa, se suspendió la Champions League y se postergó un año la Eurocopa 2020 y los Juegos Olímpicos de Tokio.

Como el resto del planeta, Kylian Mbappé se ve obligado a dejar sus sueños en suspenso y refugiarse en su burbuja.

¿Cómo vive el delantero francés los dos meses de confinamiento? Lejos de la Torre Eiffel y de los Campos Elíseos, ya que abandonó rápidamente su apartamento parisino para instalarse con sus familiares en una casa del sur de Francia. El internacional ha elegido una propiedad que tiene un campo de fútbol para mantenerse en forma y programar sesiones con Ethan y Jirès Kembo-Ekoko. Durante ese largo período, opta por la discreción en sus comunicaciones. Varios de sus familiares se habrían visto afectados por el coronavirus. Sin embargo, participó en la lucha apoyando al personal del hospital y firmando varios cheques, incluida una «donación muy grande» a la fundación Abbé-Pierre.

El 29 de abril de 2020 por fin vuelve a las redes sociales para celebrar su cuarto título de campeón de Francia, el tercero consecutivo con el PSG. A petición del Gobierno, la Liga de Fútbol Profesional ha llegado a su fin en el ejercicio económico. Si bien la competencia está llamada a reanudarse en la mayoría de los demás países europeos, la clasificación de la Ligue 1 se ratifica al final de la jornada 28. El París Saint-Germain se corona con 12 puntos de ventaja sobre el Olympique de Marsella y la exjoya del AS Mónaco acaba como máximo goleador de la temporada por segundo año consecutivo (18 goles y 7 asistencias en 20 partidos).

Sin embargo, la temporada 2019-2020 aún no ha terminado... Al PSG aún le quedan dos finales de copa nacional por disputar y, en especial, la Champions League por completar en forma de torneo que reunirá a los ocho equipos cuartofinalistas, en la edición de agosto, en Lisboa.

El 24 de julio de 2020, Kylian volvía así a la competición en la final de la Copa de Francia. Su objetivo es un primer «grand slam» en Francia (Champions Trophy, campeonato y copas nacionales). Lo previsto se cumple: su equipo se deshace ante 5.000 espectadores del AS Saint-Etienne por 1-0 antes de derrotar, una semana después, al

Olympique de Lyon por penaltis (0-0, 6-5 TAB), en la final de la Copa de la Liga esta vez.

Ese segundo encuentro en el Stade de France se jugó sin él. El número 7 recibió un fuerte golpe en el tobillo contra el Saint-Etienne. El diagnóstico indica «una importante lesión del compartimiento lateral externo». Su participación en la «Final a 8» de la Champions está fuertemente comprometida. El joven parisino siente que se le cae el cielo encima. No puede contener las lágrimas y llora mucho la noche de su lesión. Pero, al día siguiente, se «convenció a sí mismo de que podía lograrlo» y se prometió estar en Portugal tres semanas después.

El 12 de agosto de 2020, en el estadio Luz de Lisboa, ganó su apuesta. Entra en juego el 7, en el minuto 72, en sustitución de Pablo Sarabia. Un regreso providencial, ya que el PSG está al borde de la eliminación en los cuartos de final de la Champions League ante el Atalanta de Bérgamo. Los campeones franceses han estado perdiendo 1-0 desde el minuto 26. La entrada del chico de Bondy cambia instantáneamente la cara del partido: en el lado izquierdo, Kylian provoca, regatea, prueba suerte varias veces. París recupera la esperanza aunque pasen los minutos y los rostros se tensen. Hasta el minuto 90… Era el último intento, el suplente, Eric Choupo-Motting, centró desde la derecha en dirección a Neymar. En el área de penalti, el brasileño vuelve a poner el balón frente a la portería y emerge Marquinhos para igualar… ¡1-1! El París S-G se salva y se transforma por completo. En el minuto siguiente, Neymar aprovecha el magnífico desmarque de Kylian Mbappé. El ex del Barça sirve al joven delantero en medio de la zaga de la defensa italiana. A Kylian le sobra tiempo para levantar la cabeza y ofrecer el balón del 2-1 a Choupo-Motting, héroe de esta clasificación para los cuartos de final.

Tras una semifinal resuelta con facilidad ante el RB Leipzig, Kylian Mbappé se acercó un poco más a la «orejona». El 18 de agosto, en la victoria por 3-0 sobre los alemanes, no estuvo tan acertado, pero sus fans creen que se ha reservado para su primera final de la

Liga de Campeones contra el Bayern de Múnich. Los campeones alemanes han estado intratables hasta ahora, en particular, infligiendo un 8-2 en los cuartos de final al FC Barcelona de Lionel Messi.

El 23 de agosto de 2020, en el Stadio de la Luz de Lisboa, Kylian compone junto a Neymar y Ángel Di María el trío de ataque del PSG. Es objeto de un marcaje especial. La defensa del Bayern teme su arranque de velocidad y cuatro jugadores le rodean en cada uno de sus lanzamientos de balón. Eso no le impidió marcar algunas diferencias y sobre todo tener el balón del 1-0 al final del primer tiempo: en el minuto 45 hizo una gran combinación con Ander Herrera y recibió un balón en los seis metros, frente a la portería de Emmanuel Neuer. Tiene tiempo de sobra para controlar y ajustar pero, curiosamente, no aprieta lo suficiente su tiro y el último bastión del Bayern de Múnich puede apoderarse fácilmente del balón.

Kylian acaba de desperdiciar una oportunidad de oro. Una que habría cambiado el curso del juego. Y este insólito fallo del campeón del mundo da la oportunidad a otro internacional francés, parisino de nacimiento, de ponerse en su lugar el traje de héroe de la final de la Champions. En el minuto 59, Kingsley Coman, formado en el PSG, encuentra en el segundo palo un centro de Kimmich. El francés del Bayern de Múnich coloca un cabezazo fuera del alcance de Keylor Navas. 1-0. El único gol del partido. El PSG esta vez no tiene piernas para equilibrar el marcador: como su número 7, el club campeón múltiple de Francia pierde una formidable oportunidad de reinar por primera vez en Europa.

«Decepcionado por no terminar el año con el más hermoso de los premios, pero así es la vida. Luchamos con todas nuestras fuerzas. Felicitaciones al Bayern. Y muchas gracias por vuestro apoyo». A pocas horas de la final de Lisboa, Kylian demuestra que sabe perder al publicar este mensaje acompañado de una foto donde se le ve cerca de la Champions League sin la menor mirada al trofeo. Una forma para él de poner fin a una temporada, realmente no como las demás…

22

COMPLETAMENTE SOLO

omo decimos en la jerga, «¡se marcó solo el gol!» Situado en el carril izquierdo, a la altura del área penal, Kylian se tomó el tiempo de calibrar las fuerzas presentes: frente a él, se levanta un muro formado por tres camisetas amarillas y, un poco más allá, se coloca un cuarto defensor. En una segunda línea para proteger a su guardameta, por si acaso. Al no ver ningún compañero desmarcado, el número 10 de los Bleus decide lanzarse a la ofensiva. Comienza con una serie de movimientos de piernas y luego imagina un «cañito» que se convierte en un tiro de billar de tres bandas. La pelota golpea el talón de un oponente y luego rebota en la pierna de otro antes de regresar milagrosamente a su pie izquierdo. Sin perder la calma, remató su acción con un disparo desde la izquierda que besó las mallas pese a un ángulo muy cerrado y a la entrada desesperada de un último rival.

Sobre el césped del Friends Arena de Solna, Kylian Mbappé anotó, el 5 de septiembre de 2020, el único gol del partido de la Nations League entre la selección de Francia y Suecia. Esa era una oportunidad para que la estrella del PSG encuentre una sonrisa al mismo tiempo que la eficiencia que se le había escapado dos semanas antes durante la final de la Liga de Campeones. Al día siguiente de su ejercicio de solista en las afueras de Estocolmo, la estrella francesa ni siquiera intenta esconderse. En el programa *Téléfoot,* en TF1, Kylian reconoce la «increíble decepción» que siguió a la derrota ante el Bayern de Múnich. «Tengo remordimientos con ese partido —admite—. Perdí una oportunidad. Hay que olvidar y digerir, seguir adelante. Muchos equipos han perdido un año y ganado al siguiente», tranquiliza el delantero de 22 años, que envía un mensaje a sus dirigentes: «Espero que tengamos buenas incorporaciones y que lo hagamos mejor la próxima temporada».

Pero no habrá revolución en la plantilla parisina pese a la pérdida de dos leyendas, Edinson Cavani, máximo goleador de la historia del club, y Thiago Silva, el emblemático capitán. El campeón francés acaba de confirmar la opción de compra de Mauro Icardi del Inter de Milán (50 millones de euros) antes de conseguir la cesión del delantero italiano Moise Kean (Everton) y ganar densidad en su mediocampo con el brasileño Rafinha (FC Barcelona) y el portugués Danilo Pereira (FC Oporto).

El campeonato de la Ligue 1 llama a la reanudación el 21 de agosto de 2020 mientras el PSG participó en el desenlace de la Liga de Campeones. El club de la capital de repente está teniendo una semana de recuperación, con tres partidos programados entre el 10 y el 19 de septiembre. Esa actualización de calendario se hace sin Kylian Mbappé. El delantero internacional dio positivo por Covid-19, dos días después de su gol ante Suecia. Se perdió el partido de la selección francesa contra Croacia y también se pierde las tres primeras salidas de liga marcadas por dos derrotas por 1-0 contra el Racing Club de Lens y el Olympique de Marsella. El delantero, que pedía refuerzos, se dio cuenta de inmediato de que la temporada parisina volvería a recaer en gran medida sobre sus hombros. Además, su equipo cambia de cara nada más volver él a la competición, el 20 de septiembre de 2020, en el campo del OGC Niza. El número 7 arranca su cuarto año con la camiseta azul y roja cobrando y transformando un penalti para un paseo de 3-0 en la Riviera. Kylian sigue siendo imprescindible con siete goles y tres asistencias en seis partidos. El 31 de octubre de 2020 celebró ante el público en el Parque de los Príncipes la conquista del primer lugar de la clasificación durante una exhibición por 3-0 ante el FC Nantes. Le cede el balón del primer gol al español Ander Herrera y luego convierte un nuevo penalti que también iba a transformar. Pero la bonita velada acabó con mala cara: el delantero cedió su plaza en el minuto 74 tras sentir un fuerte dolor en el isquiotibial derecho. Permanecerá buena parte de noviembre en la enfermería. Su doblete en el estadio Louis II el 20 de noviembre, en su regreso a Mónaco, no impidió la tercera derrota del PSG en Liga (3-2). El campeón saliente incluso se ve relegado al cuarto puesto de la clasificación tras otro tropiezo, el 13 de diciembre, en casa, ante el Olympique de Lyon (0-1). Si bien, entretanto, marcó su gol número 100 en Montpellier con la camiseta parisina, Kylian, al igual que su equipo, vive un gran parón a finales de 2020. El número 7 necesita un respiro y Thomas Tuchel opta por limitar su tiempo de juego contra el Montpellier y el Lyon. El técnico alemán sabe que necesitará a su delantero para los partidos de primavera. Tuchel está lejos de imaginar que la segunda parte de la temporada se hará sin él. Tras un empate 0-0 en Lille, el PSG completó la primera vuelta de la Ligue 1 en tercera posición, por detrás del Lyon y del Lille. Algo inconcebible para la directiva catarí, que tampoco ha disfrutado con el rendimiento en Champions (dos derrotas en seis partidos pese a clasificarse para octavos de final). El 23 de diciembre de 2020, tras el último partido del año, ganado sin embargo 4-0 al RC Estrasburgo (con el gol número 12 de Kylian), Thomas Tuchel fue destituido. Diez días después, le sucedió Mauricio Pochettino, exdefensor del PSG entre 2001 y 2003. El argentino de 49 años es designado por seis meses con opción a un año adicional. El objetivo es claro para el extécnico del Tottenham: debe devolver al París Saint-Germain a lo más alto del campeonato francés y devolverle el color al equipo en la Champions League.

Para lograr estos objetivos, Mauricio Pochettino sabe que necesitará a sus dos estrellas, Neymar Jr. y Mbappé. Pero, de momento, la dupla está lejos de su mejor nivel. El brasileño acaba de recuperarse de una grave lesión en el tobillo izquierdo, mientras que Kylian atraviesa un periodo de dudas. Durante los tres primeros partidos oficiales de Pochettino, el francés no marcó ni un solo gol. Los primeros signos de impaciencia de la afición se notaron el 13 de enero de 2021, en la Supercopa francesa, ganada por 2-1 al Olympique de Marsella. «La gente siempre espera grandes cosas de él, pero estoy muy contento con lo que está haciendo», tranquiliza su nuevo entrenador. Pronto llegarán los goles y las asistencias. Cada cosa en su tiempo».

En efecto, Kylian recupera su eficacia, nueve días después en el Parque de los Príncipes, ante el Montpellier (4-0). El cuarteto atacante da un recital en la jornada 21 de la Ligue 1 con gol y asistencia de Icardi, gol de Neymar Jr., asistencia de Di María y doblete con pase del triunfo de Mbappé. Ese partido es el detonante anunciado por el técnico argentino. El regreso en forma del delantero francés se confirma el 16 de febrero de 2021, durante la ida de los octavos de final de la Champions League ante el FC Barcelona. Kylian anotó tres veces en la victoria por 4-1 en el Camp Nou. Incluso Lionel Messi, que abrió el marcador desde el punto de penalti, no puede competir con el instinto de su aprendiz. El 7 ridiculiza a la retaguardia azulgrana con dos disparos con la izquierda y una rosca mágica con la derecha. Al día siguiente, la prensa española eleva al joven francés al rango de los más grandes. *As* habla del «Huracán Mbappé», mientras que *Marca* resume el sentir general: «Mbappé revienta al Barça».

Kylian sigue con dos dobletes en la Copa de Francia ante el Brest y el Lille y tres nuevos goles en la Champions. Vuelve a responder a Leo Messi, durante el partido de vuelta de octavos de final (1-1), y sobre todo llama a la revancha de la última final ante el Bayern de Múnich, durante la ida de cuartos de final. En el Allianz Arena, hizo temblar a toda Europa al castigar dos veces a Manuel Neuer, en servicios de Neymar y Di María. El PSG venció por 3-2 y, beneficiado por el gol de visitante (derrota por 1-0 en la vuelta), se sumó al último cuarteto europeo por segundo año consecutivo.

Kylian se ha convertido en el «Thermomix» del PSG. Sustituyó a la estrella Neymar Jr. por su eficacia en los grandes encuentros y su implicación sobre el terreno. A sus 22 años, aparece como un líder fundamental para el equilibrio del equipo, una guía para sus compañeros en momentos delicados. El 18 de abril de 2021, en el Parque de los Príncipes, cambió el rumbo del partido ante el AS Saint-Etienne. Su doblete obtenido en menos de diez minutos va acompañado de una rabia y una determinación que nunca antes habíamos podido leer en su rostro. El interesado confirmará este cambio en una entrevista, a final de temporada, con Canal +: «Antes estaba centrado principalmente en mi juego, pero en ese partido sentí que el equipo necesitaba a alguien que marcara el camino. Era el momento adecuado para hacerlo».

Sin embargo, la nueva dimensión que ha tomado Kylian no impide que el París Saint-Germain deje escapar dos objetivos principales. El Lille se alza con el título de campeón de Francia al aferrarse hasta la final al primer puesto recuperado tras una victoria por 1-0 en el Parque de los Príncipes el 3 de abril de 2021. La campaña europea también acaba con otro fracaso. El club capitalino es eliminado por el Manchester City en las semifinales de la Liga de Campeones. Kylian cede los elogios esta vez al internacional argelino, Riyad Mahrez, autor de tres de los cuatro goles del club inglés (2-1, 2-0). El triunfo por 2-0 en la final de la Copa de Francia sobre el Mónaco —gol y asistencia de Kylian para Icardi— apenas salva las apariencias. Al término de la temporada 2020-2021, el número 7 se consuela con varios premios individuales: se corona como máximo goleador de la Ligue 1 (31 goles), mejor jugador del campeonato francés y mejor parisino con 7 dianas en la Copa de Francia, 8 en la Champions League, para un total de 42 goles y 11 asistencias en 47 partidos oficiales.

Su temporada no ha terminado del todo. Todavía tiene un último desafío con los Bleus; la Eurocopa 2020 se ha pospuesto un año debido a la pandemia. La competición se desarrolla entre el 11 de junio y el 11 de julio de 2021 en once ciudades del continente. La selección de Francia es la favorita con su condición de campeona del mundo. La verdad es que mete miedo desde que Didier Deschamps decide convocar a Karim Benzema a la selección. Todas las defensas de Europa ya tiemblan ante la idea de tener que amordazar al trío Griezmann-Benzema-Mbappé. Kylian ya está encantado de jugar junto al nuevo capitán del Real Madrid. Sin embargo, ese reparto de papeles desagrada a Olivier Giroud, segundo máximo goleador en la historia de la selección de Francia detrás de Thierry Henry. El delantero del Chelsea lo está pasando mal con su desvalorización y la conexión mostrada entre Mbappé y Benzema. Al término del último partido de preparación ante Bulgaria, el 8 de junio de 2021, donde acababa de marcar dos veces tras sustituir a Benzema, Giroud dirigió un reproche apenas disimulado a Kylian Mbappé: «¿Decís que no se me ha visto mucho al principio? Pero tal vez nos hubiéramos podido encontrar mejor…», dijo Giroud al micrófono de *L'Équipe* tras sopesar cada una de sus palabras y concluir su declaración con una sonrisa que dice mucho sobre el fondo de sus pensamientos. A Kylian no le gustó nada. Tras ser disuadido de reaccionar con vehemencia, el delantero de los Bleus habla cinco días después. «Todo el mundo sabe lo que pasó, yo estaba un poco afectado. Pero no hay que darle mucha importancia —explica en rueda de prensa—. Yo, cuando tengo algo que decirle a alguien, se lo digo y se queda en el vestuario. Pero eso no es problema, son tonterías. No quiero que distraiga al equipo. No conviene ponernos palos debajo de las ruedas.»

El distanciamiento duró menos de 48 horas. Giroud y Mbappé lo hablaron entre ellos. Aseguraban haber pasado página. Según un periodista de *L'Équipe*, las relaciones de Kylian también son bastante «frías» con Antoine Griezmann, que mantiene una buena relación con Giroud. Según Sébastien Tarrago, las relaciones no hicieron más que empeorar desde el Mundial de 2018. «Son cositas así, una piedra pequeña, una segunda y luego una tercera», revela el periodista en el programa *L'Équipe du Soir*. «Antoine Griezmann tiene un aire simpático, pero es un atleta de alto nivel que tiene ego. Después de 2016, se convirtió en el líder de la selección de Francia. Dura poco, ve a Kylian Mbappé, el fenómeno, la cosa, la máquina (...). ¿Qué ocurre entre bambalinas? Ve irrumpir a Karim Benzema. (...) No son los mismos jugadores pero tienen zonas algo parecidas, así que había que buscar soluciones para que la cosa funcionara. Para decirlo con claridad, las cosas iban mal, muy mal entre Antoine Griezmann y Kylian Mbappé», asegura.

Kylian también está aprovechando su comparecencia ante la prensa para plantear un punto de tensión con su compañero en el ataque: el tema de los penaltis. Unos días antes, Antoine Griezmann se había declarado tirador número uno de los Bleus, lo que sorprendió al delantero del PSG: «El entrenador no ha dicho nada. Tal vez no estuve ahí, pero por ahora no hay jerarquía. Quizá el entrenador haga una, pero de momento no hay ninguna», corrige con satisfacción Mbappé.

Ese ambiente poco propicio no parece perturbar especialmente al delantero del PSG. Kylian muestra buen aspecto desde el inicio, el 15 de junio de 2021 en Múnich, durante la victoria 1-0 de los Bleus contra Alemania. Durante el inicio de la Eurocopa, firma el primer tiro a puerta del partido, ofrece una estupenda apertura a Rabiot (que encuentra el poste) y marca un gol excepcional (un disparo entre tres alemanes y Neuer) que es anulado por posición de fuera de juego. También hay una carrera desenfrenada que empuja a Mats

Hummels a rozar el penalti y una entente manifiesta con Benzema sellada por una asistencia al delantero madridista en un gol anulado por el VAR.

El 19 de junio, en el estadio Ferenc-Puskás de Budapest, Kylian se muestra igual de dinámico ante Hungría, aunque sigue fallando en la definición y falla la pelota del partido en el minuto 82 (1-1). Antes de eso, también estuvo detrás del gol del empate de Griezmann al explotar su punta de velocidad en un saque de puerta largo de Lloris. Su trabajo se vio finalmente recompensado en el último partido de la fase de grupos ante Portugal (2-2), el 23 de junio en Budapest. Esta vez es objeto del penalti del 1-1 justo antes del descanso. No tiene tiempo de disputarle el balón a Griezmann, Karim Benzema se encarga de la transformación. Francia terminó primera en el Grupo F por delante de Alemania y Portugal.

El 28 de junio de 2021 en el Arena Națională de Bucarest, Francia se enfrenta a Suiza, tercera en el grupo A detrás de Italia y Gales. El rival de los octavos de final promete ser una víctima ideal para acompañar el ascenso del triplete de los Bleus y ver por fin el primer gol de Mbappé en la competición. Sin embargo, fue el equipo suizo el que tomó la delantera al final del primer tiempo con un cabezazo ganador de Haris Seferović. Los franceses lo pasan realmente mal en el minuto 55, en un penalti de Ricardo Rodríguez desviado por Lloris. 120 segundos después, Kylian le dio un pase a Benzema que firmó una jugada brillante para lograr el empate. La dupla sigue siendo decisiva en el 2-1: Kylian se la pasa de tacón a Griezmann, y el disparo bombeado de este es desviado en el segundo palo por el delantero del Real Madrid. En menos de dos minutos, los Bleus se hacen con el control del juego. El equipo de Didier Deschamps se revela irresistible en un disparo de Paul Pogba que entra por la misma escuadra. Mbappé puede abrazar al centrocampista. Los cuartos de final contra España están a la vista. Sin embargo, el partido experimentó un nuevo giro en los últimos diez minutos: Seferović, en el 81, y a continuación Mario Gavranović, pasado el tiempo reglamentario, arrancaron un empate (3-3) y la prórroga. Impensable... Como la antología de oportunidades perdidas de Kylian Mbappé. Las estadísticas son implacables: 6 tiros, 0 entre los tres palos.

Y ahí va el número 10 de los Bleus que se adelanta para colocar el balón en el punto de penalti. Es el último lanzador en la tanda de penaltis. Los nueve jugadores que le precedieron no temblaron. Los cinco suizos y sus cuatro compañeros, Pogba, Giroud, Thuram y Kimpembe, marcaron. No tiene margen de error cuando inicia su carrera hacia el balón. Elige disparar a la derecha del portero. Su disparo esta vez va a puerta, incluso con potencia, pero a media altura. Justo donde Yann Sommer eligió tirarse. El guardameta suizo no tiene problemas para alejar el balón bajo la mirada impotente del lanzador. Kylian lanza por si acaso una mirada a la izquierda y luego a la derecha para encontrar una escapatoria. Pero la parada del portero suizo no es invalidada. Francia queda eliminada de la Eurocopa. Así, mientras Sommer lleva a sus compañeros a celebrar la clasificación al pie de la curva rojiblanca, Kylian se queda helado, solo sobre el césped, completamente solo.

23

CASI UN MESSI

Diez días después de la derrota contra Suiza, el prodigio francés se encuentra en Mykonos para recuperarse de una temporada difícil. Rodeado de algunos amigos y parte de su familia, está disfrutando de los encantos de esa isla griega que, en verano, deleita tanto a los contemplativos como a los fiesteros, atraídos por el animado ambiente de los chiringuitos. Puede que no parezca el lugar ideal para alejarse de los aficionados, pero Kylian parece encontrar la felicidad en ese vibrante paisaje de postal. El 7 de julio de 2021, él y su familia llegaron al restaurante del chef turco Nusret Gökçe. El hombre que lleva el apodo de Salt Bae no perdió la oportunidad de inmortalizar el evento. El dueño del restaurante se muestra con el delantero francés en un breve vídeo que termina con un cariñoso abrazo que parece sorprender —tanto como incomodar— al jugador del PSG. Los clientes del restaurante también compartieron varias fotos en las redes sociales de la velada en la que Kylian estaba sentado con la *influencer* australiana Georgina May Heath. Eso fue suficiente para desencadenar un torrente de comentarios sobre su vida privada. Una información rápidamente eclipsada por otra revelación que podría dar una indicación de su próximo destino: esa noche, Karim Benzema también vino a cenar a Nusr-Et. ¿Podrían los dos

internacionales compartir las vacaciones? ¿Podría la presencia de
Benzema en Mykonos ser un indicio más de su futura asociación en
el Real Madrid? Estos rumores intrigan tanto como preocupan a los
aficionados del París Saint-Germain. Kylian ya había comunicado a
sus directivos antes de la Eurocopa que había decidido no prolongar
su contrato, vigente hasta el 30 de junio de 2022. Tras su desilusión
frente a Suiza, les ha comunicado su intención de unirse al Real Madrid antes de que finalice el verano. Pero el PSG no tiene intención
de dejarle marchar tan fácilmente. El presidente, Nasser al-Khelaïfi,
se esfuerza por construir un *dream team* capaz de competir con los
sueños de grandeza de su homólogo español, Florentino Pérez. Por
este orden, el centrocampista holandés Georginio Wijnaldum (Liverpool), el lateral marroquí Achraf Hakimi (Inter de Milán), la leyenda
del Real Sergio Ramos y el portero del AC Milán Gianluigi Donnarumma, campeón de la Eurocopa con Italia, fueron contratados por
el club francés en julio. Pero eso no fue suficiente para que el joven
de 22 años cambiara de opinión. Ni siquiera la estruendosa noticia
que golpeó al mundo del fútbol el 10 de agosto de 2021 con la llegada oficial de Lionel Messi. La leyenda argentina de 34 años dejó a
regañadientes el Barcelona y llegó a París con 6 Balones de Oro, 10
Ligas y 4 Ligas de Campeones en sus maletas. Kylian no se inmutó
durante 48 horas. Cuando las malas lenguas ya empezaban a deplo-
rar su falta de reacción, finalmente rompió su silencio el 12 de agosto publicando en sus redes sociales una serie de cuatro fotos que
muestran su primer encuentro con Lionel Messi. Su tuit iba acompañado de un sobrio mensaje «Bienvenido a París, Leo». Sin embargo, su falta de entusiasmo por la contratación del PSG y su deseo de
ir a otra parte empiezan a molestar a algunos fieles del Parque de los
Príncipes. El 14 de agosto de 2021, durante la 2ª jornada de la Ligue
1, contra el Estrasburgo, su nombre fue silbado durante la presentación de los equipos. El número 7 respondió al desafío de un sector
de la grada dando un pase decisivo a Pablo Sarabia. A lo largo del

primer mes de competición, mostró una mentalidad de campeón. Marcó su primer gol en Brest el 20 de agosto y, sobre todo, eclipsó el debut de Messi con el PSG con un doblete en Reims el 29 de agosto. Al día siguiente, el club de la capital rechazó una última oferta de 200 millones de euros del Real Madrid y puso fin (al menos durante un año) al deseo del delantero de marcharse a otro lugar. Kylian tendrá que lidiar con su decepción y resignarse a una quinta temporada en el PSG a la espera, si todavía quiere, de salir libre al final de la misma. «Mi ambición era realmente que todos camináramos de la mano, el club vendedor, el club comprador y yo», explicó en otoño de 2021 en una larga entrevista con *L'Équipe*. «Quería que hiciéramos el mejor trato posible para que todos pudiéramos salir por la puerta grande. También quería dar tiempo a mi club para encontrar un sustituto. Quería que todos fueran felices y que yo siguiera mi camino». ¿Y cuál es su estado de ánimo ahora? «Todavía quiero jugar para demostrar que soy un gran jugador, que nada me afecta, ni siquiera un fichaje perdido, y que puedo marcar la diferencia hasta el último día».

Mantener la cabeza alta y la mente en el juego será su leitmotiv a lo largo de la temporada 2021-2022. Se está consolidando rápidamente como el eslabón indispensable del «MNM», como se conoce al trío formado por Mbappé, Neymar y Messi. Si el argentino gana un séptimo Balón de Oro en diciembre de 2021 (Kylian es sólo el noveno de la clasificación), el de Bondy es realmente el jefe en el campo. Es omnipresente en todas las competiciones. En la Liga de Campeones, fue decisivo en los dobles enfrentamientos de la fase de grupos contra el Manchester City (1 asistencia en la ida y 1 gol en la vuelta), el RB Leipzig (1 gol y 3 asistencias) y el FC Brujas (2 goles y 2 asistencias). En la liga, es un insaciable proveedor de balones (8 asistencias) y un formidable rematador, como el doblete que marcó el 12 de diciembre de 2021 contra su club de formación, el AS Mónaco. La victoria por 2-0 en casa ha hecho cambiar de opinión a sus detractores del verano. El Parque de los Príncipes mide cada fin de semana la dependencia del equipo de su internacional francés, mientras que Lionel Messi lucha por redescubrir su magia barcelonista y Neymar Jr es tan inconsistente como siempre.

Esta primera parte de la temporada también le permite enderezar el rumbo con los Bleus. Kylian lo pasó muy mal con la avalancha de críticas que siguieron a su gol fallado contra Suiza. En otoño de 2021, ofreció una respuesta de campeón al participar en gran medida en la primera victoria de la selección francesa en la UEFA Nations League. Durante la fase final, del 6 al 10 de octubre, fue determinante en los dos partidos decisivos. En la semifinal contra Bélgica en Turín, honró brillantemente su quincuagésimo partido con su selección firmando, a la hora de juego, el pase decisivo para reducir diferencias en el marcador por parte de Karim Benzema y, después, transformando el penalti del 2-2, tras una falta sobre Antoine Griezmann en el minuto 69. El parisino tuvo entonces un asiento en primera fila para ver el cañonazo de Theo Hernández que dio al equipo de Didier Deschamps una ventaja de 3-2 al final del tiempo reglamentario. Tres días después, en el estadio milanés de San Siro, el número 10 de los Bleus dio la vuelta a una final contra España. Dos minutos después del primer gol de Mikel Oyarzabal, encontró a Karim Benzema en el borde izquierdo del área. Este lanzó un disparo enroscado a la esquina de la red. 1-1. El delantero del PSG asumió entonces la responsabilidad. En el minuto 80 aprovechó un pase de Theo Hernández (con la clemencia del VAR, que anuló su posición de fuera de juego con el pretexto de que el balón había rozado al joven defensa español Eric García) para burlar al portero español, Unai Simón, y marcar el 2-1. Tras el segundo trofeo con los Bleus, Kylian participó en la clasificación para el Mundial de 2022 en Qatar. En noviembre, marcó cuatro goles en la victoria por 8-0 contra Kazajistán, y luego marcó un gol y una asistencia contra Finlandia (2-0).

En enero de 2022, Kylian Mbappé queda oficialmente libre para negociar con el club de su elección para la temporada 2022-2023. ¿Gratis? Bueno, tal vez no del todo… Si damos crédito a las habladurías de la prensa rosa, mantendría un vínculo adicional en la capital francesa. Para apoyar su primicia, varios periódicos se basan en imágenes tomadas el 29 de octubre de 2021 durante el partido PSG-Lille. Kylian, que no estuvo disponible para el choque contra el vigente campeón de Francia, se mostró claramente cercano a Emma Smet en las gradas del Parque de los Príncipes: una joven actriz que se dio a conocer en la serie de televisión *Demain nous appartient* y que además es nieta del fallecido cantante Johnny Halliday. A lo largo de la temporada, el rumor de su romance volverá regularmente a alimentar la crónica, sobre todo porque el dúo hará otra notable aparición en un parque de atracciones de la región de París.

Pero, al igual que con su futuro, no hay nada oficial al entrar en la segunda mitad de la temporada. El sorteo de los octavos de final de la Liga de Campeones no ha sido benévolo con el joven delantero, con una eliminatoria contra el Real Madrid. El partido promete ser un rompecorazones para Kylian, aunque se apresura a apagar cualquier duda sobre su motivación: «Lo único que tengo en mente es ganar al Real Madrid», declaró a la CNN. «París es mi ciudad, es donde nací, es donde crecí. Llevamos dos años jugando finales y semifinales, pero ahora queremos ganar».

El doble duelo promete ser también un duelo entre los dos mejores delanteros de Francia. Karim Benzema, de 34 años, está viviendo su mejor temporada con la camiseta del Madrid y es el máximo goleador de la Liga. Sin embargo, el ídolo del Bernabéu no goza de la mejor salud en febrero de 2022. Apenas se estaba recuperando de una lesión en el muslo izquierdo que le había mantenido fuera de los terrenos de juego durante tres semanas. Pero no es cuestión de perderse el reencuentro con su compañero de selección: «Es un gran partido —declaró Benzema en rueda de prensa—. Estar frente a

Kylian es especial porque jugamos juntos en la selección francesa y, como sabemos, podría llegar al Real algún día (sonríe), no lo sabemos. Lo más importante es ganar. La amistad será después…».

El 15 de febrero de 2022, la primera vuelta se decantó a favor del PSG. El Real Madrid es inexistente, igual que Karim Benzema luchando en la punta del ataque español. Por otro lado, Kylian es brillante y decisivo. Es el mejor sobre el terreno de juego y cada una de sus aceleraciones pone en jaque a su escolta, Dani Carvajal. Fue él quien marcó las primeras diferencias, creó las primeras ocasiones, obligó al guardameta Thibaut Courtois a realizar las primeras paradas, ganó un penalti fallado por Lionel Messi a la hora de juego, hizo vibrar al estadio con un disparo enroscado en el minuto 77 y, sobre todo, rompió el empate al encontrar la red en el tiempo añadido. Su gol en el minuto 94 fue una joya. En el inicio de la acción, Kylian puso en marcha a Neymar. El brasileño, que entró en el último cuarto de hora, le devolvió el balón con un taconazo ideal, en el lado izquierdo, cerca del área. El francés se deshizo de Éder Militão y Lucas Vázquez, al encontrar un hueco entre los dos defensores, y puso el balón en la esquina más lejana de la red, fuera del alcance del portero madridista. 1-0. Por supuesto, todos los comentaristas elogian al genio. El héroe de la noche prefiere mantener los pies en el suelo: «Es sólo el primer partido, tenemos otro en el Bernabéu y estaremos preparados para ese partido», asegura Kylian al micrófono de Movistar, en un español casi perfecto.

El delantero francés tenía razón al desconfiar de la reacción del rival, ya que dos semanas después sufrió una enorme decepción en el partido de vuelta de los octavos. El delantero francés se mostró en todo su esplendor en el Santiago Bernabéu el 9 de marzo de 2022, a pesar de un susto en el entrenamiento durante la semana tras una fuerte entrada de su compañero Idrissa Gueye. En su haber en la primera parte: las dos primeras ocasiones del partido, un gol anulado por posición de fuera de juego de su pasador Nuno Mendes y, sobre todo, un disparo ganador en el minuto 39 que sorprendió a Thibaud Courtois en su lado cerrado. El número 7 ha colocado al equipo de Mauricio Pochettino en una posición perfecta para clasificarse para los cuartos de final y se ha consolidado como un jugador importante en la historia del club parisino. Acaba de marcar el gol número 157 de su carrera con el PSG en Madrid y se convierte en el segundo máximo goleador de la historia del club parisino por delante del sueco Zlatan Ibrahimovic (156).

Kylian llegó a pensar que se acercaba al récord de 200 goles de Edinson Cavani en la segunda parte. Pero su doblete fue lógicamente anulado por el VAR. Corría el minuto 54 y el tercer gol del delantero francés seguramente habría sellado la suerte de este doble enfrentamiento. En cambio, el gol anulado permitió a otro campeón francés brillar en el otro extremo del campo. En 17 minutos, Karim Benzema lo puso todo patas arriba. El número 9 del Real empujó primero a Gianluigi Donnarumma al suelo para hacer el 1-1 en el minuto 61. Luego hizo el 2-1 tras un cambio de Modric en el minuto 76, y volvió a hacerlo dos minutos después, esta vez tras un error de Marquinhos. 3-1. El histórico triplete de Benzema mete al Real Madrid en cuartos de final. El telón cae sobre los sueños de un primer título de la Liga de Campeones.

¿Qué podemos reprocharle al número 7 del PSG tras esta eliminación? No mucho, excepto por no haber sido capaz de matar el partido antes. Lógicamente, Kylian se libra de las críticas. Fue el único jugador del PSG, junto con Marco Verratti, que estuvo a la altura de las circunstancias. La prensa española se divierte con esto. «El PSG no merece a Mbappé», escribe el diario *Mundo Deportivo*, que titula irónicamente «Mbenzema».

Cuatro días después, la tensión aún no ha disminuido. El 13 de marzo, el Parque de los Príncipes acogió a su equipo en la liga con el Girondins de Burdeos. Neymar Jr. y Messi fueron los principales objetivos del público. Los dos sudamericanos fueron silbados y abucheados durante todo el partido. Kylian, en cambio, fue aplaudido y ovacionado cada vez que cogía el balón. A pesar de la competencia de las dos estrellas, se ha convertido en el nuevo ídolo del público parisino y encarna, a los ojos de una mayoría de aficionados, los valores y el futuro del club. El final de la temporada 2021-2022 confirmó esta tendencia; después de Burdeos, Kylian impresionó en cada aparición; el 3 de abril, marcó dos goles y tres asistencias de los cinco goles del PSG contra el Lorient; el fin de semana siguiente, marcó un triplete y dos asistencias en la victoria por 6-1 en Clermont-Ferrand. A continuación, marcó un gol contra el Olympique de Marsella y otro contra el SCO Angers para celebrar su cuarto título de la liga francesa con el PSG el 23 de abril de 2022 tras el empate a uno contra el Racing Club de Lens. A pesar de esta corona nacional, el público parisino sigue enfadado con su equipo. Una vez más, Kylian fue el único aclamado por la afición y, como era de esperar, a falta de una semana, fue elegido mejor jugador de la Ligue 1 por tercer año consecutivo en la ceremonia de la trigésima edición de los Trofeos UNFP. El 15 de mayo de 2022, cuando recibió su premio de manos de Thierry Henry en el escenario del Pavillon Gabriel de París, el delantero de 23 años aún no había decidido oficialmente su futuro. Lo único que es capaz de decir cuando se le pregunta si se ha decidido es: «Sí, sí, casi, ya casi está…».

24

KYLIAN, ¡ES PARÍS!

El suspense es insoportable, tanto para los aficionados del PSG como para los socios del Real Madrid. A una semana de la 38ª y última jornada de la Ligue 1, todavía no se sabe si Kylian vestirá por última vez la camiseta azul y roja, contra el Metz, el 21 de mayo de 2022. No se trata sólo del nombre del jugador, sino también de su identidad y de su capacidad para marcar la diferencia. Desde hace meses, sus actos y gestos son escrutados a ambos lados de los Pirineos y su entorno es vigilado. Así fue cuando su madre, Fayza Lamari, y su hermano Ethan, ascendido con 15 años al equipo sub-17 del PSG, volaron a Doha a principios de primavera para pasar unos días de vacaciones. El viaje se interpretó inmediatamente como la celebración de una reunión secreta en el contexto de una futura ampliación. Es cierto que desde octubre de 2021 se han retomado las conversaciones entre los directivos y la familia del jugador. El club, propiedad del fondo de inversión qatarí QSI, sigue esperando que cambie de opinión. El emir Tamim ben Hamad Al-Thani está dispuesto a todo para retener a la joya de la selección francesa en el año del Mundial en el país del Golfo Pérsico. Nasser al-Khelaïfi tiene casi carta blanca para conseguir sus objetivos. A principios de la primavera, el presidente del PSG presentó una oferta de contrato astronómica que incluía una prima de fichaje de 150 millones de euros y un salario de 40 millones de euros al año durante dos años. Sin duda, esto hizo reflexionar a Kylian, que el 3 de abril de 2022, por primera vez desde su frustrado traspaso el verano anterior, descartó públicamente al PSG y al Real de forma consecutiva: «No he hecho mi elección», dijo ante las decenas de micrófonos que se desplegaron tras su recital contra el Lorient. «Me lo estoy pensando porque hay elementos nuevos, muchas cosas, muchos parámetros y no quiero equivocarme, quiero tomar la decisión correcta». ¿Podría el PSG haber aprovechado el parón en las negociaciones entre los representantes del jugador y el Real, debido a los octavos de final de la Liga de Campeones, para recuperar la ventaja en su batalla a distancia con el club madrileño? El delantero francés tiene ahora dudas sobre la capacidad del club español para renovar una plantilla envejecida y seguir el ritmo del PSG en las próximas temporadas. Para *Le Parisien*, la prolongación de su contrato está muy avanzada, como anunció el diario francés el 5 de mayo bajo el título «Kylian Mbappé y el París, prolongación a la vista». Fayza Lamari desmintió inmediatamente esta información en Twitter: «No hay ningún acuerdo de principio con el PSG (ni con ningún otro club). Las discusiones sobre el futuro de Kylian continúan en un clima de gran serenidad para permitirle tomar la mejor decisión, en el respeto de todas las partes. Por la noche, la madre de Kylian llegó a insinuar a Marca que la tendencia sería "más bien de salida"».

El 9 de mayo, Kylian aprovechó un día libre para viajar a Madrid. Según informa *Marca*, el francés vino a España para ultimar los detalles de su llegada. Según el diario, incluso aprovechó el viaje para llegar a un acuerdo verbal con los directivos del Madrid, que le prometieron a cambio un contrato de cinco años, con un salario anual de 25 millones de euros y una prima de fichaje de 100 millones. El jugador no hace ningún comentario. Acaba de publicar una foto en Instagram tomada con su compañero de equipo Achraf Hakimi, que le hizo de guía turístico en su ciudad natal. Esa misma noche Sergio Ramos publicó una foto de la cena madrileña a la que asistieron Kylian, Hakimi y Keylor Navas. Al día siguiente, el otro diario deportivo madrileño, *AS*, ya daba la «bienvenida» al francés.

El resultado de la disputa está cerca. El culebrón ya ha durado bastante. El clan Mbappé está ahora incluso dividido. Según una persona cercana a la familia, «el padre Wilfrid presionaría para que se prolongara en el PSG, mientras que la madre y la abogada Delphine Verheyden serían más partidarias de una salida a España». Era el momento de que el jugador se decidiera y Kylian aprovechó la ceremonia de entrega de trofeos de la UNFP, el 15 de mayo, para anunciar una decisión inminente. Esa noche, su discurso en el escenario del Pavillon Gabriel se interpretó como una despedida del campeonato francés: «Doy las gracias al PSG, que me dio la oportunidad de venir aquí, a mis compañeros, a la delegación, al club, al entrenador y a todas las personas que trabajan entre bastidores y que nos han ayudado a recuperar nuestro trono, nuestro título. Doy las gracias a los rivales, a toda la Liga. He sentido el respeto, la admiración y el reconocimiento de los demás, se lo agradezco a todos. Continúo mi historia, nunca estoy satisfecho…».

Esa gran masa del fútbol francés lanza definitivamente el sprint final de un maratón infernal. Ahora se ha establecido que Kylian anunciará su elección, como muy tarde, el fin de semana siguiente; ya sea en la noche del partido PSG-Metz si decide prorrogar o al día siguiente, en caso de trasladarse a España. Los dos candidatos —aunque el Liverpool y el Barcelona hayan probado tímidamente su suerte— tienen ahora algo menos de una semana para tomar la decisión. Por ello, el accionista catarí ha decidido sacar todo lo que tiene a su alcance. Según Eurosport España, el PSG casi ha triplicado su primera oferta económica. El número 7 se convertiría en el jugador mejor pagado de la historia del fútbol con la posibilidad de conservar casi todos sus derechos de imagen. Kylian tendría incluso voz y voto en la nueva organización del club, que incluye el relevo del director deportivo brasileño Leonardo.

Al mismo tiempo, el Real también está haciendo grandes esfuerzos financieros, como confirmó Fayza Lamari en una entrevista con el medio egipcio Kora Plus el 20 de mayo: «Las dos ofertas son casi idénticas», dice la madre del jugador. En el Real, mi hijo tendrá el control de sus derechos de imagen. La otra oferta es de compensación económica. Los dos no son muy diferentes. Ahora esperaremos su decisión. No vamos a tener más reuniones para discutir su futuro, esas reuniones han terminado. Hemos llegado a un acuerdo con el Real Madrid y el PSG, y las discusiones han terminado.

Sin embargo, el PSG tiene otros ases en la manga: entre bambalinas, Luis Campos, que mantiene muy buenas relaciones con el clan Mbappé desde su etapa en el Mónaco, y el exdirector deportivo del PSG Antero Henrique, que estuvo detrás de su llegada a París en 2017, han encontrado las palabras adecuadas para convencer al número 7 de que amplíe su contrato. Según el discurso de los dos técnicos portugueses, en París todo está por escribir, a diferencia de lo que ocurre en Madrid, donde sólo será una leyenda entre muchas otras. Kylian puede ser el primero en llevar la Liga de Campeones a París y tampoco está lejos del récord de goles de Cavani. El ex presidente francés, Nicolas Sarkozy, también toca la fibra patriótica del jugador y le aconseja abiertamente que se quede. Incluso el presidente reelegido, Emmanuel Macron, fue consultado por el campeón del mundo que, al final de su última semana de reflexión, acabó siguiendo su «buen consejo» y optó por quedarse en el PSG.

Sábado 21 de mayo de 2022. El París Saint-Germain recibe al FC Metz en la caída del telón de la Ligue 1. El duelo se disputará con las entradas agotadas con la presentación del trofeo del campeonato francés ganado por décima vez por el club. Entre bastidores, se ha jugado otro partido desde el día anterior. Los directivos del PSG y los representantes de Kylian Mbappé llevan muchas horas trabajando en los detalles del nuevo contrato. A pocas horas del inicio del partido, todavía no hay nada firmado. Entonces, Nasser al-Khelaïfi se decide a primera hora de la tarde y accede a las últimas exigencias del consejo del jugador.

Nasser al-Khelaïfi ha cumplido su palabra y acaba de ganar su partido de fondo con Florentino Pérez. El presidente del Real fue informado directamente por Kylian. Según el periodista español Josep Pedrerol, le anunció su decisión de la siguiente manera: «Le comunico que he decidido quedarme en el PSG. Quiero agradecerle la oportunidad que me ha dado de jugar en el Real Madrid, el club del que he sido fan desde pequeñito». El presidente merengue habría respondido cordialmente: «Buena suerte».

En Madrid, la decisión del francés se ve como una traición. *Marca* despotrica de que «hay que tener clase para jugar en el Real» y critica al francés por no cumplir su palabra: «Mbappé ha demostrado que entre el sueño de su infancia y la cartera, prefiere la cartera (…) Siempre serás un perdedor a partir de ahora». *AS* es más resignado: «Una pena para él», y lamenta que «Mbappé prefiera el dinero del PSG a la leyenda del Real Madrid».

Sábado 21 de mayo. 20:50. Kylian hace por fin su entrada en el terreno de juego del Parque de los Príncipes. Aparece todo sonriente junto a su presidente. Ha venido a confirmar la buena noticia. El delantero se toma su tiempo para subir al escenario, coge el micrófono que le tienden y levanta definitivamente el velo sobre su futuro en un ambiente de festejo: «Buenas noches a todos, estoy muy contento de continuar la aventura. Estoy feliz de quedarme aquí en Francia, en mi ciudad. Siempre he dicho que París es mi casa y espero seguir haciendo lo que más me gusta, que es jugar al fútbol y ganar trofeos». Todas sus palabras son acompañadas por los vivas de la multitud y los gritos de «Mbappééééé Mbappéééé» siguen llegando desde todas las tribunas del estadio. Al campeón del mundo sólo le queda ponerse la camiseta estampada para la ocasión «Kylian, c'est

Paris!» y celebrar su prolongación con un último recital sobre el terreno de juego.

En el minuto 25, el internacional francés ya estaba dejando su
huella. Desde una apertura por la derecha, se deshace del portero del
FC Metz y coloca el balón entre las piernas del último defensor. 1-0.
Tres minutos después, su velocidad volvió a marcar la diferencia. El
ídolo del Parque de los Príncipes aguantó a dos defensas por la izquierda antes de batir con un poco de fortuna a Marc-Aurèle Cai-
llard. 2-0. Tras el descanso, Kylian hizo el 4-0 con su tercer gol de la
temporada.

Ese triplete fue su culminación de una temporada extraordinaria
con el PSG. En 46 partidos oficiales, Kylian marcó 39 goles y dio 26
balones decisivos. Antes de abandonar el Parque de los Príncipes, la
estrella de la noche se toma el tiempo de vaciar su taquilla en los
vestuarios. Ante la cámara, se entretuvo colocando uno a uno, en su
bolsa, los distintos premios que le acababan de entregar: el trofeo al
máximo goleador del campeonato de la Ligue 1 (28 goles, por delante de Wissam Ben Yedder, segundo con tres menos), el trofeo al mejor pasador (17 asistencias frente a las 14 de Leo Messi), su quinto
título de campeón de Francia (el cuarto con el PSG) y el balón del
partido que le entregaron tras su triplete de la noche contra el Metz.
Su contrato de oro, que le une al PSG hasta el 30 de junio de 2025,
ha sido discretamente guardado, fuera de la vista...

AGRADECIMIENTOS

Gracias a Benjamin Adler, Athmane Airouche, Éric Assadourian, Marcus Bark, Ludovic Batelli, Abdel Belarbi, Oswald Binazon, Gérard Bonneau, Javier Caceres, Souleymane Camara, Irvin Cardona por su testimonio y colaboración, Alain Caveglia, Damien Chédeville, Timothé Cognat, Jean-Pierre Dardant, Stefan Deppmeyer, Matthias Dersch, Reda Hammache, Margot Dumont, Jordy Gaspar, Patrice Girard, Laurent Glaize, Giovanni Grezzi, Yves Invernizzi, Bruno Irles, Idrisse, Karima, Yann Kitala, David Lasry, Olivier Lombard, Elisa Lukawski, Pierre Michaud, Andy Mitten, Fabien Pigalle, Gérard Prêcheur, Sophie Quéran, Elmire Ricles, Pierrot Ricles, Antonio Riccardi, Guy Rineau, James Robson, Stéphane Roche, Juan Valentin Romero, Nadine Schaaf, Nicolas Soussan, Jean-François Suner, Théo Suner, Julien Sokol, Sylvine Thomassin, Diego Torres, Guido Vaciago, Javier Villagarcía, Sébastien Vuagnat, Marc Westerloppe, Mamadou Yaté.

Gracias a Benoît Bontout, Cédric Le Brun, Laure Merle d'Aubigné y Roberto Domínguez.

Gracias a Elvira, Céline, Lorenzo, Mathieu, Olmo y Elisa por su apoyo y los valiosos consejos.

Por último, feliz lectura a Arthur, Jules, Colin, Louis, Tom, Méline y Laure.